ケント・ギルバート
Kent Sidney Gilbert

日本人が知らない朝鮮半島史

韓国と北朝鮮——「反日」の源流

ビジネス社

はじめに　〜韓国と北朝鮮に困惑している日本の皆さんへ

近年、特に気になっていることがあります。

それは、「韓国は1919年（大正8年）以降に日本が朝鮮半島に対して行った統治行為のすべてを〝不法〟だと考えているらしい」ということです。

この話にピンとくる方は、どれくらいいらっしゃるでしょうか？

2019年3月1日、韓国の首都ソウルは、文在寅《ムンジェイン》大統領主催の「第100周年3・1節記念式典」に沸きました。3月1日は韓国では特別な意味を持つ日で、祝日にもなっています。

1919年3月1日（当時は「日韓併合」の時代）、朝鮮半島では宗教指導者を中心に日本を敵とした独立運動が起き、独立宣言が読み上げられました。「3・1運動」と言います。

3・1運動の後、独立運動家が上海に「大韓民国臨時政府」を樹立しました。この臨時政府が国際的に承認されたことはありません。しかし、2019年の文在寅大統領の式典演説を注意深く読むと、驚くべきことにどうやら韓国人は「大韓民国臨時政府樹立をもって、韓国は〝国〟として成立し、今に続いている」と考えているようです。

この歴史認識にはきわめて大きな問題があります。

「臨時政府の樹立＝大韓民国成立」と考えるのなら、「日韓併合は、日本が独立国家を不法に統治していた」という理屈をつけることができます。戦後に結ばれた「日韓基本条約」で片が付いたはずの賠償も、「日本の不法統治に対しては済んでいない」とすることが、あくまでも彼らの理屈の上ですが可能になります。

ここ数年、いわゆる「徴用工訴訟問題」が、最高裁判機関を巻き込んで盛んに展開されています。慰安婦の問題も2015年に改めて「日韓合意」がかわされたにもかかわらず再燃しています。

これらの状況は「1919年韓国建国説」にもとづく韓国側の理屈（国際的に見れば、詭弁）を、韓国人が本気で信じていることを物語っています。日本人にとってみればトンデモない考え方ですが、朝鮮半島の人々の頭に入っている〝歴史〟は特殊なのです。

「歴史を忘れた民族に未来はない」と韓国人はよく言います。これは、「日本人は歴史を直視しないから悪い」という意味で使われます。しかし、韓国、または北朝鮮の言う「歴史」とは、自分たちに「都合の良いように書き換えてきた歴史」です。

「そのような国を相手にする必要はない」という意見は当然あるでしょう。ところが、「朝鮮半島の人々の、都合の良い歴史とは何か」「日本という国がどのように位置づけられているのか」などを知らないことで、日本の国益は確実に失われています。

たとえば、皆さんは「日本列島はかつて韓民族の植民地だった」「日本人は朝鮮半島から追い出された韓民族の成れの果てだ」と朝鮮半島の人たちが本気で考えている――ということを知っているでしょうか。

朝鮮半島の人たちが、このような歴史認識を持つことになったのはなぜなのか？

ここがわからなければ、韓国や北朝鮮に隣接する日本は、今後も多大な苦労をかけ続けられることでしょう。

「1910年に始まる日韓併合によって、朝鮮半島の人たちの〝反日〟は始まった。だから、この問題さえ解決がつけば彼らの〝反日〟は消えて、お互いに仲良くなれるはずだ」と、多くの日本人は考えています。

そうではありません。まったくの勘違いです！

朝鮮半島の人々の「反日の源流」は、古代にまでさかのぼります。朝鮮半島の歴史全体が「日本を貶《おとし》める仕組み」でできています。それをこれからじっくりお話していきましょう。

朝鮮半島史を知るにつれ、「やはり、このような国とはつきあっていられない……」と思われるかもしれません。

ですが、それでは現在の日韓＆日朝（北）問題は一向に解決しません。

では、どうすればいいのか？

それを考えるための「基礎知識」を整理したのがこの本です。

ケント・ギルバート

第二章　日本と朝鮮半島②【幕末〜韓国併合】

朝鮮半島を助けざるを得なかった日本

第三章　日本と朝鮮半島③【3・1運動〜現在】

失われたアイデンティティを探し続ける人々

第四章　日本と韓国【現代】

ストーカー国家・韓国に悩まされる日本

第五章 日本と北朝鮮【現代】

カルト国家・北朝鮮に脅かされる日本

第六章 アメリカと朝鮮半島【現代】
なぜアメリカは朝鮮半島にこだわるのか？

第七章　日本と朝鮮半島④【現在と未来】

近くて、遠い隣人・韓国&北朝鮮

第一章

日本と朝鮮半島①【古代～近世】

韓国と北朝鮮

―「反日」のワケは歴史にある

朝鮮半島史 01

【稲作問題】

「稲作」の技術は、本当に朝鮮半島から伝わったのか…？

朝鮮半島の人々は、「日本という国は朝鮮人がつくった」と本気で信じています。

読者の皆さんは、「そんなバカな！」と一蹴にし、あきれ果て、笑いだしてしまう人もいるかもしれません。しかし、けっして笑いごとではありません！

韓国と北朝鮮の「反日」の源流は、実はすべてここにあるのです。

一方、日本人の多くも、教科書的な常識として「古代の日本文化は、大陸や朝鮮半島からやってきた〝渡来人《とらいじん》〟と呼ばれる人たちによって伝えられたもの」と考えているようです。

たとえば、日本列島での「稲作」の始まりについて、次のように信じている人が多いのではないでしょうか。

「稲作の技術は朝鮮半島から大挙して渡来し移住した人たちによって伝えられ、日本は弥生時代をむかえた」と。

戦後の日本の歴史教育の中で長く通説として考えられてきた見方ですが、近年では「縄文人こそが、弥生文化をつくった」という見解が主流です。

1986年に福岡県糸島郡志摩町（現・糸島市）の「新町《しんまち》遺跡」で弥生時代前期の墓地が発掘されましたが、出土した14体の骨はすべて縄文人でした。従来の常識を覆す大発見です。

1992年には岡山県総社《そうじゃ》市の「南溝手《みなみみぞて》遺跡」で縄文土器のかけらから紀元前1500年の稲の葉の成分（プラントオパールと呼ばれます）が検出され、農耕具も出土しました。

こうした考古学的な発見から、「稲作を始めたのも広めたのも縄文人であって、弥生時代の渡来人が日本列島を農耕開拓したのではない」とする研究が今は常識となっています。

また、日本に稲作を伝えたとされてきた朝鮮半島においては、稲作関係の考古学的資料があまり発見されていないという事実があります。日本で出土されたものより古い時期の遺跡などは、朝鮮半島では発見されていません。

「日本列島より朝鮮半島のほうが早く稲作をはじめた」という証拠は、何も見つかっていないのです。

「古代の日本文化は、朝鮮半島からやってきた。あるいは、朝鮮半島を経由して伝えられた」という古代史の見方の背景には、きわめて政治的な目的が隠されています。

そして、日本人の中にも、なぜかそうしておきたい人たちがたくさんいます。

考古学的な事実を踏まえて、まずは日本人自身が、古代からの「日本史」および「朝鮮半島史」を考え直すべきだと思います。

朝鮮半島史 02

【2つの三国時代】

朝鮮半島北部の強国「高句麗」は、満洲人がつくった国！

朝鮮半島には、石器の出土状況から見て、数万年前から人が住んでいたとされていますが、現在の韓国と北朝鮮の人たちとの民族的なつながりは不明です。

文献などの記録の上で朝鮮半島に最初に現れる国は「箕子《きし》朝鮮」。紀元前12世紀頃、中国の古代王朝・殷《いん》の政治家だった箕子がつくったとされています。しかし、伝説の域を超えません。

そして、紀元前195年頃に、中国の春秋戦国時代の強国のひとつだった燕《えん》という国の政治家・衛満《えいまん》が亡命して箕子朝鮮を倒し、「衛氏《えいし》朝鮮」を建国したとされています。

紀元前108年に衛氏朝鮮は漢の武帝に滅ぼされ、その後400年間、朝鮮半島は中国直轄の支配下におかれます。

中国の支配下にあった朝鮮半島の様子は、2世紀終盤から3世紀終盤にかけての中国群雄割拠時代の興亡史『三国志』に記録されています。

邪馬台国《やまたいこく》や卑弥呼《ひみこ》が登場する「魏志倭人伝」は『三国志』の中で書かれたものですが、それと同じように、朝鮮半島南部に分立して中国の支配を受けていた「馬韓《ばかん》」「辰韓《しんかん》」「弁韓《べんかん》」という、いわゆる「三韓」の様子も書かれているのです。

のちに、馬韓は「百済《くだら》」、辰韓は「新羅《しらぎ》」、弁韓は「任那《みまな》」と呼ばれるようになります。

『三国志』には「弁韓の風俗は倭（日本）に似ている」と書かれ、「馬韓の人々は穴を掘って住み囚人か奴婢《ぬひ》のように礼俗《れいぞく》がなかった」などと書かれています。「辰韓が最も優勢で、12の部族国家を束ねていた」といいます。

ちなみに「魏志倭人伝」は約2千文字ほどで、その短さがよく話題になりますが、それでも、『三国志』の周辺諸国の記録の中で最も長い文章となっています。

＊

朝鮮半島に大きな変化が起こったのは、（諸説ありますが）通説では4世紀です。

満洲の鴨緑江《おうりょくこう》付近にできていた「高句麗《こうくり》」という国が南下して侵攻を開始し、朝鮮半島の北部を制圧します。

馬韓からなった百済は朝鮮半島の南西部を、辰韓からなった新羅は朝鮮半島の南東部をおさえて、高句麗・百済・新羅の三国が並立します（弁韓からなった任那は、のちに新羅に併合される）。

日本はこの4世紀頃、朝鮮半島に進出したとされています。これが『日本書紀』に登場する「任那日本府」で、日韓の歴史認識の対立点のひとつとなっています。

日本がこの時期に朝鮮半島に領土を持っていたのか、いなかったのか――、それをめぐる論争は現在も続いています。

朝鮮半島史 03

【百済人の大量移住】

日本列島は韓民族の植民地!? それが朝鮮半島の人々の認識だった…

朝鮮半島は紀元前1世紀から紀元後7世紀の間、戦乱の時代にありました。そのさなか、「百済からたびたび日本列島に集団移住があった」という記事が『日本書紀』にあります。

最も大きいと思われるのは、5世紀初めに相当するとされる応神《おうじん》天皇14年春2月の記事です。

《この年、弓月君《ゆつきのきみ》が百済からやってきた。奏上《そうじょう》して、「私は私の国の、百二十県の人民を率いてやってきました。しかし新羅人が邪魔をしているので、みな加羅《から》国に留まっています」》(『全現代語訳日本書紀』宇治谷孟、講談社、1988年)

この他にも、百済からの亡命や移住は『日本書紀』にたびたび登場します。こうしたことを現代の韓国人は果たしてどうとらえているでしょうか。

日本研究で知られる韓国生まれの学者・呉善花《オソンファ》氏は『攘夷の韓国 開国の日本』（文藝春秋、1996年）で、高麗大学教授・崔在錫《チェジュソク》氏の論説を紹介しています。崔在錫氏によれば、古代日本への百済人移住の意義は、次のようになっています。

「韓民族は北九州をはじめ、倭（日本）の各地に住んでいたが、大和倭（飛鳥・奈良）の建設は集団移住をとげた百済人の手によって、このとき（弓月君の移住）からはじまった。こうして大和倭は百済の植民地として栄えていった」

さらに、崔在錫氏によれば、『日本書紀』には次のようなことが書かれているというのです。

・大和倭の実際的な王である蘇我《そが》氏、配下の物部《もののべ》氏、仏教界の指導層、王室教育担当者、歴代天皇の侍医、遣唐使および留学生、軍隊司令官、博士などは、そのほとんどが百済人を主とする「韓国人」である

・7世紀に唐・新羅同盟軍によって百済が滅び、王族・貴族をはじめとする2千人の百済の支配層が大和倭へ集団亡命した。百済再興が不可能となったため、百済人たちは大和倭に独立国家をつくることにした
・新羅による侵攻危機がなくなった時点で、百済人は倭を「日本」と改めた。これが、天武天皇による律令体制政権の誕生として『日本書紀』には書かれている
・「日本」は太陽の始まりを意味する言葉であり、韓民族の根本思想。百済人は韓民族の東明思想・太陽思想をもって新たな国をスタートさせた
・天照大神などの神の名や天皇の名も、韓民族の思想からきている。「天照」は太陽の「照」に天上祖神の「天」をかぶせたもの。「天皇」は「王」に「天」をかぶせたもの。みな、韓国の東明思想・太陽思想に由来する
・日本を建設した百済人たちはその後、韓半島への尊敬を失っていく。しだいに出自を隠すようになり、「日本化」を遂げていった

（『百済と大和倭の日本化過程』（崔在錫、一志社、1990年）より）

トンデモない妄想としか言いようがありません。しかし、この崔在錫氏のような見方

は韓国内ではけっして極端なものではなく、むしろ一般的なものなのです。

呉善花氏は前掲書の中で、韓国で放送された、日本の古代文化を特集したテレビ番組について触れています。テーマは「韓半島文化としての飛鳥・奈良・京都」。番組では、韓半島・韓民族を意味する地名・人名・社寺名を紹介します。いかに韓国人の祖先たちが日本各地に居住して文化を広めていたかを伝えるためです。また、飛鳥・奈良・京都の文化遺産のいかに多くが、朝鮮半島から移住した知識人や技術者によってつくられたかを説明します。法律や制度、儀礼などのことごとくが「韓式」で、当時の日本の貴族・高級官僚・僧侶・学者のことごとくが韓半島人に占められていたとも説明したそうです。

《日本人が外来文化を積極的に受け入れるために、渡来人の手を借りながら日本の土地への移植を果たした――日本人なら誰もがそう考えるに違いない。しかし、韓国では必ずしもそうは考えられていない。極端にいえば、文化ゼロの日本に韓民族が文化100を生み出したと、そう考えようとする傾向が強いのである》（前掲書）

韓国は「儒教」の国です。儒教では、子孫より先祖、子より親というように、先にあるほうが上に立ちます。

つまり、「朝鮮半島は日本に文化文明を伝えた（教えてあげた）。したがって、韓民族は日本民族より上の存在だ」という意識・発想が、疑問の余地などなく朝鮮半島の人々の頭の中にあるのです。

これが、韓国と北朝鮮が「反日」である、そもそもの理由です。「韓民族は日本民族の上に立つ民族だ。日本という国をつくってやったのは我々だ」と、彼らは本気で信じているのです。

だから、日本が自分たちの国よりも豊かであり、技術的・知的に進んでいるということに我慢ができません。許せもしないし、認めもしない……。

日本がすべて言うことを聞き、問答無用でカネを出したり、協力を惜しまないことは、「格下の国だから当然」と考えているのです。

朝鮮半島史04

【神功皇后の三韓征伐】

日本は「恨み」と「劣等感」から、何度も朝鮮半島を侵略した!?

神功皇后《じんぐう》は、第14代仲哀《ちゅうあい》天皇の皇后です。西暦に換算すると、4世紀後半の人物だと考えられています。

この神功皇后が軍をひきつれて海を渡って朝鮮半島へいき、百済・新羅・高句麗を平定した――、いわゆる「三韓征伐」を行ったということが『日本書紀』や『古事記』に書かれています。

征伐の理由は、住吉三神から「貧しい熊襲《くまそ》の地よりも、金銀財宝に満ちた新羅を征討せよ。我ら三神を祀れば新羅も熊襲も平伏する」という神託を授かったからだと言われています。

ちなみに、熊襲とは、日本の記紀神話に登場する、現在の九州南部にあった襲国（ソノクニ）に本拠地を構え、ヤマト王権に抵抗したとされる地域のことです。

1880年に現在の中国の吉林省集安市で「好太王碑《こうたいおうひ》（広開土王碑《こうかいどおうひ》）」という石碑が発見されました。そこには「辛卯《かのとう》の年（西暦換算で391年）に、倭が海を渡って百済と新羅と加羅を破り、臣民にした」という内容を含む、計1802文字の漢文が書かれていました。

この石碑に刻まれている文章が、神功皇后の三韓征伐を指しているのかどうかは不明です。また、表面もだいぶ摩耗しており、碑文の解釈には日本と韓国、北朝鮮の間に相違があります。

韓国の学会は「高句麗が海を渡って、百済を破り、新羅を救って臣民とした」と解釈し、北朝鮮の学会では「高句麗が海を渡って、倭を破った」と解釈するのが通説となっているようです。

日本の多くの人たちは、韓国と北朝鮮の反日意識は、1910年から終戦まで行われた日韓併合の、いわゆる植民地支配に理由があると考えています。実は、そうではありません。朝鮮半島の人々は「日韓併合は、古代から続く日本の朝鮮半島侵略の意思、日本民族がもともと持つ野蛮な資質がそうさせたものに過ぎない」と考えているのです。

そして、朝鮮半島の人々にとって、侵略を目指す野蛮な日本人の民族的資質が初めて発揮されたのが神功皇后の三韓征伐でした。

三韓征伐にはじまって、豊臣秀吉の朝鮮侵略があり、幕末から明治にかけての征韓論があり、そして韓国併合という植民地支配に至る歴史こそ、日本人の侵略的で野蛮な性格を物語るものだと、朝鮮半島の人たちは考えているのです。

さらに、たいへん興味深いのは、朝鮮半島の人たちが「日本人は侵略的かつ野蛮な民族的資質を持っている」と考える、その理由です。

呉善花氏が前掲書の中で引用している、金洪吉《キムホンギル》という韓国の大学教授が書いた文章をかいつまんで紹介しましょう。

金教授は、日本人が韓民族を憎しみ嫌う理由を次のように述べています。

・現在の日本人の90パーセント以上は、わが国（韓国）から流れていった人々の子孫、あるいは少なくともその血が混ざった人々である

・日本文化の大部分はわが文化がそのまま伝えられたものである。少なくとも明治以前は、わが国がはるかに先進国家であった
・日本に移住した人々は、三韓と三国・伽倻が滅亡した後の王室を中心とした指導層と、韓半島では生きていけない罪人などの最低層。彼らは追い出された人々であり、わが民族に対して強い恨みと敵対心を持っている
・この凝り固まった恨みとコンプレックスが子々孫々に伝えられ、絶え間ない敵対行為と復讐となってあらわれている
・憎しみによる敵対行為とともに、彼らは自らが韓民族出身であるということを隠そうと努力してきた。『古事記』『日本書紀』などは歴史を捏造したものである
(『日本人の韓民族に対するコンプレックス2000年——憎しみと侵略で一貫した敵対の歴史、その実相と原因』ジプムンダン刊、1993年ソウル)

金教授によれば、日本人は朝鮮半島から追い出されて日本に渡った韓民族であり、だからこそ韓民族に対して強い恨みと劣等感を持ち、古来、韓国に対して悪辣・野蛮な行為を働き続けている、ということになります。

前出の崔在錫高麗大学教授の説と同じくトンデモない論理ですが、韓国では大学教授のレベルの人たちがこう考えているわけです。

このことはまた、現在の在日韓国・朝鮮人に対する本国人の考え方にも影を落としているようです。

金教授は、日本に渡った韓民族は「追い出された人々であり、わが民族に対して強い恨みと敵対心を持っている」と述べています。これは、韓国本国に住む人たちが在日韓国人および在日朝鮮人に対してもつイメージと重なっています。

本国（韓国）において、在日韓国・朝鮮人が「国を捨て、言葉を捨て、民族を捨てた脱落者としての韓民族」とみなされるケースは少なくないと言われています。

朝鮮半島の多くの人たちは、「日本人は民族性を忘れた韓国・朝鮮人に過ぎない」と考えています。根の深い、複雑な心理状態にあると言わざるをえません。

朝鮮半島史05

【白村江の戦い】

百済首脳のふがいなさに、ほとほと呆れた日本人将軍

ここまでの朝鮮半島での国の勃興を簡単に整理しておきましょう。

伝説レベルの話として、紀元前12世紀頃には箕子朝鮮という国がありました。文献に現れる朝鮮半島最初の王朝です。

紀元前195年頃、箕子朝鮮を衛氏朝鮮が倒します。衛氏朝鮮は紀元前108年に漢の武帝に滅ぼされ、その後の400年間、朝鮮半島は中国直轄の支配下におかれました。中国が直轄していた朝鮮半島の南部には、部族国家のかたまりがあって、同様に中国の支配を受けていました。馬韓、辰韓、弁韓で「三韓」と呼ばれています。

前述したように、馬韓は百済、辰韓は新羅、弁韓は任那と呼ばれるようになります。

朝鮮半島の北部には中国の直轄地がありましたが、ここに、紀元前1世紀頃にはすでに満洲で起こっていたとされる国・高句麗が南下してきて占領します。その後、朝鮮半島の、いわゆる三国時代（高句麗・百済・新羅）が始まります。神功皇后の三韓征伐、広開土王碑などはこの頃の話です。

7世紀の初めに、中国に「唐」ができたことで朝鮮半島はさらに大きく変わります。唐と同盟を結んで属国化した新羅が、百済と高句麗を滅ぼして朝鮮半島を統一しました。その後、内乱状態となった新羅を内乱の当事国のひとつ・後高句麗が10世紀の初めに滅ぼして国の名を「高麗」に改めます。のちに高麗は元《げん》（モンゴル）の属国となり、そして14世紀に李成桂《イソンゲ》という武人が「李氏朝鮮」を建て、その後、李氏朝鮮の時代が数百年間続いて近代に至ることになるわけです。

歴史教科書にもある「白村江《はくそんこう》の戦い」は、663年に起こった「日本」対「唐・新羅連合軍」との戦いです。新羅が百済を滅ぼしたので、百済の国家再興のために日本が兵を送ったのです。

当時、日本と百済は深い外交関係にありました。日本は半島での鉄事業を百済に代行させていたのです。百済王朝の後継皇子・豊璋《ほうしょう》は飛鳥にいました。いわゆる人質ですが、飛鳥で贅沢に安穏に暮らしていました。

百済の危機を眼前に、日本はまず、兵士5000人をつけて豊璋を百済に返しました。百済王朝再建のためにです。

白村江の戦いは日本側の惨敗で、一般的には唐・新羅連合軍の戦力とはかなりの差があり、最初から無謀な戦いだったとされていますが、実際には作戦の失敗にすぎなかったようです。

『日本書紀』に、豊璋に同行して朝鮮半島にわたった日本人将軍・朴市田来津《えちのたくつ》が登場し、いくつかエピソードを残しています。

百済の跡継ぎ・豊璋が、人質時代に甘やかされていたためか、食料の豊かなところへ移りたいと言い出し、新羅軍に攻撃されて再び城に戻るという事件を起こしたことがありました。「軍事的な要害《ようがい》を離れてはならない」として反対していたのは朴市田来津だけでした。

白村江の戦いにおいても、豊璋ならびに日本人を含む諸将が先手必勝を主張するのを、戦況がわからぬ愚行だと朴市田来津は考えていました。朴市田来津は天を仰ぎ、歯を食いしばって怒り、敵数十人を殺してそのまま戦死します。

中国二十四史のひとつ『旧唐書』によれば「煙と炎は天にみなぎり、海水は真っ赤に染まった」という有様の中で、日本軍は敗退しました。

『日本書紀』には、「その後、唐から2000人の人々が日本へ渡ってきた」と書かれています。

すでにお話ししましたが、高麗大学・崔在錫教授はこのことを、「7世紀に唐・新羅同盟軍によって百済が滅び、王族・貴族をはじめとする2000人の百済の支配層が大和倭へ集団亡命した。百済再興が不可能となったため、百済人たちは大和倭に独立国家をつくることにした」としているのです。

朝鮮半島史 06

【李氏朝鮮の誕生】

「中華」から遠い日本は、朝鮮半島から見下されて当然？

前述のとおり、10世紀に後高句麗の将軍・王建が「高麗」を建て、朝鮮半島はいったん統一されます。

高麗は、契丹《きったん》や女真族の金といった国々の侵攻を受けながらも独立を保ちつづけますが、13世紀、ついに元《げん》（モンゴル）の属国となりました。

1368年に元が滅んで中国が明の時代を迎えた1392年、女真族出身とも言われている李成桂が、元の武官、高麗の武官を経て、時の高麗王・恭譲王を廃して自ら王に即位します。「李氏朝鮮」の誕生です。中世から近代にかけて日本が関係してきたのは、この李氏朝鮮という王朝が支配する朝鮮半島です。

李氏朝鮮は、日本が日清戦争を勝ち、朝鮮は自主独立国だということを清に認めさせたことから1897年に国名を「大韓帝国」に改めます。日本が1910年に併合したのは大韓帝国です。

つまり、「現在の韓国と北朝鮮は、文化文明的に李氏朝鮮の系統にある国」と言うことができるのですが、李氏朝鮮とはどういう国だったのでしょうか。

当時、中国の王朝は「明」です。李成桂は王位につくとまず、明皇帝に即位の承認を求め、国号を「朝鮮」あるいは「和寧」かに決めてほしいと要請します。明皇帝は「朝鮮」としました。「由緒があって優雅だから」という理由だったそうです。

朝貢、儀礼など、徹底的に中国に仕えることで国は守られるという考え方が、李氏朝鮮の外交政策のすべてでした。この外交姿勢を「事大主義」と言います。

一般的に、「事大主義」はあまりいい意味では使われない言葉です。辞書を引くと、「自分の信念をもたず、支配的な勢力や風潮に迎合して自己保身を図ろうとする態度・考え方」などと書かれています。

しかし、李氏朝鮮にとって「事大主義」は誇りでした。中国戦国時代の思想家・孟子の「小を以て大に事《つか》うる者は国を保《やす》んず」の言葉に由来するからです。

そして、李氏朝鮮が誇りをもって事大主義を徹底して中国に尽くすのには、さらに深い理由があります。「中華主義」の思想と、それに基づく「華夷《かい》秩序」と呼ばれる世界観です。

《自らが世界の中心にあり、その中心から同心円状に遠ざかれば遠ざかるほど、野蛮で侵略的な者たちが跋扈する文化果つる夷族の地となる。こうした世界に秩序を生み出すためには、世界の中心、すなわち文化の中心にある「優等な中華」が周辺の「劣等なる夷族」に、文化・道徳を与えて感化・訓育し、中華世界の支配下へ組み入れていくことである》（『「日帝」だけでは歴史は語れない——反日の源流を検証する』呉善花、三交社、1997年）

これが「中華主義」です。現在の中華人民共和国の指導者たちがしっかり受け継いでいる思想です。今、中国共産党が盛んに推進している大規模経済圏構想「一帯一路」などはその典型でしょう。

「華夷秩序」の尊重は、中華主義に基づきます。「中華帝国を尊崇して臣下の礼をとる周辺の夷族たちは藩属国とみなされ、中華帝国がそれに酬《むく》いて文化・道徳を与える」ことで世界秩序は保たれるのです。

ですから、李氏朝鮮は中国に対して礼を尽くします。事大主義は李氏朝鮮にとって、国家安寧《あんねい》の礎《いしずえ》でした。

中華主義においては、中国から離れて遠く距離があればあるほど「野蛮」とみなされます。

したがって、朝鮮半島の人たちにとって日本は、明らかに自分たちよりも劣った野蛮な夷族の国でした。だから、すでにお話ししたように、李氏朝鮮以前の朝鮮半島の国々、高句麗も新羅も百済も、日本を「文化・道徳を与えて訓育すべき対象」とみなしました。

そういった考えは今も変わっていないのです。韓国人の多くは「かつて韓国は、文化のなかった日本に文化を与えてやった」と考え、それを口にもします。韓国人は今でも、日本は韓国よりも文化的に下にある国だとみなしているわけです。

さて、古代初期には華夷秩序に与《くみ》していた日本は、中華主義に対してどんな態度をとっていったでしょうか。

《古代の日本は、途中から、中国と交流はしても臣下となる道をとることなく、華夷秩序からは一定の距離をおくようになった。そして、やがては中国へ使節を派遣することもやめてしまった。中国から学べるものは学びつくし、海によって大陸から隔てられているため、中国の臣下とならなくても征討を受ける心配がない、という認識からのものだったと思われる。

したがって、日本は中国から夷族扱いされることは心外であり、ましてや韓半島諸国から夷族扱いされるいわれはない、という考えをもつようになっていった。日本にとっては、中国も韓半島諸国も、対等な一つの国にすぎなくなったのである》（前掲書）

現在の国際常識として、日本にとっては、韓国も北朝鮮も対等な独立国家です。

しかし、韓国と北朝鮮にとっては、いまだ日本は華夷秩序で位置づけられた「野蛮な劣等国」という位置づけです。

この考え方の違いが、今も決定的な違いになって外交問題などにあらわれているわけです。

朝鮮半島史 07

【豊臣秀吉の朝鮮出兵】兵の数なんと40万人以上！16世紀最大級の大戦争!!

秀吉は朝廷から豊臣姓を賜《たまわ》って1586年に豊臣秀吉となり、1590年、小田原の北条氏政・氏直父子を降伏させて関東を評定し、天下統一を果たします。

天下統一を果たした秀吉は、次に大きな計画に移ります。明朝の征服です。

豊臣秀吉はまず、華夷秩序に基づいて明の冊封国だった李氏朝鮮に服属を強要します。明への道案内をさせるためです。

しかし拒否されたので、秀吉は1592年、朝鮮半島を征服するために約16万人の大軍を派遣しました。「文禄の役」と呼ばれています。

李氏朝鮮軍約19万5000人、明軍約5万3000人が日本軍を迎え撃ちました。両軍合わせて40万人以上で、世界的に見ても16世紀最大の戦争だったそうです。

文禄の役は、1593年に停戦協定が成立して休戦になります。明は日本を冊封するために日本国王の称号と金印を秀吉のもとに届けますが、豊臣秀吉はこれに激怒しました。秀吉を、明皇帝に仕える周辺国の王として認めてやるという通達だったからです。

豊臣秀吉は再度の出兵を決意して、1597年「慶長の役」となります。しかし、翌年（1598年）に秀吉が病死したことから内政問題が起こって全軍撤退。「秀吉が死なずに進軍が続行されていたら、明を窮地に追い込んだ可能性は高い」とする研究者は少なくありません。

ソウルの光化門広場に銅像の立つ李舜臣《イスンシン》は、慶長の役の際に、「露梁《ろりょう》海戦」と呼ばれる戦いで日本軍を全滅させたと言われている明・朝鮮水軍の司令官です。李舜臣は韓国の歴史的英雄ですが、日本軍全滅の事実はありません。

韓国の歴史書、また日本の教科書の一部にも李舜臣の活躍が書かれていますが、李舜臣の成果は戦争初期の護衛のついていなかった輸送船団を襲って成功したのみです。

豊臣秀吉が明を征服しようとした動機について、作家の百田尚樹氏は『日本国紀』（幻冬舎、2018年）で、信長遺言説、功名心説、領土拡大説など様々な説があるものの「不明」とし、次のように述べています。

《歴史学者の大半は、日本が人口が多く国土も広い明を征服するのは不可能で、秀吉の誇大妄想と見做しているが、私はそうは思わない。「文禄の役」と「慶長の役」において、日本軍は終始、明軍を圧倒していたし、もしかつてのモンゴル軍のように捕虜とした朝鮮人を兵隊として用いていれば、明を征服することは決して不可能ではなかったと考える。〈中略〉

歴史に「ｉｆ」はないが、もし慶長三年（一五九八）に秀吉が死なず、日本軍が撤退していなければ、東アジアの歴史は大いに違ったものになっていたかもしれない》

前出の呉善花氏は、「豊臣秀吉による朝鮮侵略は、明を攻めて東アジア全土を制圧しようという、あまりにも無謀な専制君主の独断に発したものであることは明らか」としながら、その動機について、次のように述べています。

《秀吉は華夷秩序を破壊しようとしたのではなく、自ら華夷秩序のトップに立とうとしたのである。それが、秀吉の壮大な野望を支えた侵略思想であり、その時代の東アジアにおける「自主の国」にとって、「天下取り」を世界大にまで広げたときに出てくる発想だった。実際、蒙古や清はその世界的な「天下取り」をやってみせたのである》（前掲書）

ただし、幕末から明治にかけての「征韓論」は、秀吉の思惑とは明らかに一線を画しています。

征韓論は、華夷秩序を破壊して東アジア諸国それぞれを「自主の国」とし、新たな世界秩序をつくりあげようとするものでした。

朝鮮半島史08

【朝鮮通信使】

江戸幕府は手厚く迎えたが、李氏朝鮮は頑なに「鎖国」…

朝鮮から日本への外交使節は「室町時代」から始まっていますが、〝朝鮮通信使〟と言った場合には「江戸時代」以降の、李氏朝鮮が日本に派遣した使節を指します。江戸時代には12回、派遣がありました。豊臣秀吉の朝鮮出兵によって途絶えた国交を回復させようと徳川家康が1607年に招いたことに始まります。

徳川将軍の代替わりの祝賀などのために正使や副使をはじめ、通信使の数は400〜500人にものぼったとされています。江戸時代の日本は、その一行をはるばる江戸城まで招いていました。

朝鮮通信使一行は、壱岐・対馬・九州から瀬戸内海の各港に立ち寄り、陸路で大坂・京都・名古屋を経て江戸へ向かいました。通信使一行を対馬藩士800名が護衛。籠や馬などの世話をする日本側の随伴者を含めて総勢3000名の大行列でした。

日本国内の往復に約半年かかり、一行は道中、たくさんの日本の民衆に手厚く迎えられたそうです。

通説では、江戸時代の日本と李氏朝鮮は友好的な外交を行っていたとされています。しかし、両国の使節がそれぞれ同じように対等に行き来していたわけではありませんでした。

右記のような日本側の対応とはまったく違って、李氏朝鮮は日本からの使節を釜山の草梁《チョリャン》という地区に設けられた倭館に留め、それ以上は一歩も国内に入れようとはしませんでした。

日本のいわゆる「鎖国」は、清やオランダとは交易を続けていて、諸外国に対して完全に門戸を閉ざすものではありませんでした。

対して、李氏朝鮮は「完全な鎖国政策」をとっていました。唯一の例外が中国に対する朝貢関係と、この日本に対する朝鮮通信使でしたが、どちらも形式的なものです。

完全な鎖国政策は外圧があったときには「強い攘夷」、つまり「外国排斥」を生みます。

19世紀中盤、近代化していく世界の中、李氏朝鮮にとって大きな障壁になったのがこの極端な「攘夷の思想」でした……。

第二章

朝鮮半島を助けざるを得なかった日本

日本と朝鮮半島②【幕末～韓国併合】

朝鮮半島史 09

【欧米列強のアジア進出】

東アジアの危機的状況下で、国書を拒否した大院君

1863年は李氏朝鮮にとって大きな節目となる年でした。維新を経て日本の年号が「明治」に改まるのはこの5年後のことです。

李氏朝鮮第25代国王・哲宗が跡継ぎのないまま亡くなります。王位継承のルールに基づいて、亡くなった王の父の后《きさき》・趙大妃（神貞王后）が傍系の王族・興宣君の第二子・命福を指名して第26代国王・高宗としました。

しかし、時に高宗は11歳。趙大妃が摂政となるものの、趙一族は高宗の父・興宣君に補佐させ、興宣君が政治の実権を握ることになりました。

李氏朝鮮では国王に父がいて生存している場合、それを「大院君」と称します。興宣は興宣大院君となったわけですが、後世、歴史的にとても有名な人物となったた

め、単に「大院君」といえば、この興宣大院君を指すことになっています。

李氏朝鮮は末期的な状況にありました。いわゆる貴族階級である「両班《ヤンバン》」が不毛な争いを繰り広げていました。両班は、国家官僚になる資格をもった支配階級です。

問題は、世襲はもちろん、両班の地位の売買や、偽造の資格証の販売などで、自称を含めて両班の人口が増加の一途にあったということです。１６９０年には総人口の７・４パーセントだった両班の人口は、１８５８年には48・６パーセントにまで増加していました。

両班の多くは官職獲得のための運動に明け暮れていました。根回しに斡旋、賄賂による買収など……、当然、不正が蔓延します。

官職に就いたら就いたで、両班は派閥闘争に明け暮れました。陰謀と策略で互いに血を流し合います。

両班の派閥闘争は、敗北した党派指導者の抹殺で終わります。抹殺の方法は武力や暗殺によるものではなく、法的に根回しをして国王に死を宣告させます。

どこかで聞いたような話ではないでしょうか。

1980年代に大統領を務めた全斗煥《チョンドゥファン》と盧泰愚《ノテウ》は、「反乱」「内乱」「秘密資金」の疑いでそれぞれ死刑と無期懲役が求刑されました。

2000年代に大統領を務めた盧武鉉《ノムヒョン》は収賄の容疑を受けて自殺に追い込まれました。韓国および北朝鮮は、今もこの伝統の中にあるのです。

両班たちの数が全国民の半数近くに至って末期的な症状を迎えているときに、興宣君は「大院君」として政治の実権を握りました。行政は麻痺し、百姓一揆は慢性化し、王室の権威は地に落ち、軍事力は極度に弱体化していました。

そうしたときに、目前に迫ってきたのが「開国」を要求する欧米列強による外圧です。日本も清も李氏朝鮮も、国際情勢の中でアジアはもれなく同じ状況にありました。

日本が開国による国力強化によって列強の脅威を排除すべく舵を切ろうと方針を定めるのに対して、大院君の李氏朝鮮がとった政策は、「徹底的に鎖国を貫徹し、攘夷に走る」というものでした。そして、なんと実際に李氏朝鮮は、欧米列強を撃退してしまうのです。

大院君はロシアとドイツの通商を拒否、アメリカの商船シャーマン号を炎上・沈没さ

朝鮮半島を助けざるを得なかった日本

せます。戦艦3隻で侵入を図ったフランスは、30名ほどの犠牲者が出たところでこれ以上の犠牲には意味がないとして撤退。アメリカもまたふたたび開国をせまってきますが、フランスと同じ理由で引き上げます。

末期的に疲弊していたはずの李氏朝鮮が列強を排除できた理由は何でしょうか。

簡単に言えば、欧米列強にとって朝鮮半島は、それほど重要ではなかったからです。取ろうと思えばいつでも取れる地域だと判断して、手を抜いたのです。

とは言え、実際にフランス艦隊やアメリカ艦隊を撃退したことは、大きな自信になりました。

大院君は、「衛正斥邪《えいせいせきじゃ》」のスローガンを掲げて国民に攘夷の国策を訴え支持をとりつけていきました。「衛正斥邪」とは、「正を衛《まも》り邪を斥《しりぞ》ける」という意味です。正は儒教を指し、邪は儒教以外の思想を指します。

攘夷あるいは衛正斥邪の対象となったのは、欧米列強ばかりではありませんでした。日本もまたその対象でした。衛正斥邪の正と邪は、「中華主義に与《くみ》する・与しない」を含んでいるのです。

1868年は日本が「五箇条の御誓文」によって明治新政府の基本方針を発表した年です。この年の年末、日本は李氏朝鮮に新政府の樹立を通告するために、対馬藩家老・樋口鉄四郎らを使節として釜山に送りました。

ところが大院君の李氏朝鮮は、なんと日本側の使節が持参した国書の受け取りを拒否します。拒否の理由は2つありました。

①文面に「皇上」「奉勅」の文字が使われていること
②署名・印章ともにこれまでのものと異なっていること

「従来の慣例が無視された規格外の文書だから受け取れない」というのです。日本にとっては、国際標準の文書を作成しただけのことでした。

朝鮮半島の人たちにとって「皇」の字は、中国皇帝にのみ許される称号でした。「勅」は中国皇帝の詔勅を意味します。李氏朝鮮の国王は中国皇帝の臣下であり、日本王の臣下ではない、このような文書は傲慢かつ無礼だということです。

日本はその後も交渉を重ねますが、李氏朝鮮は国書の受け取りを拒否します。野蛮な劣等国が今度は欧米列強のまねをして襲来したとして、日本は間違いなく衛正斥邪の対象であると排斥を開始したのです。

こういった状況が、明治新政府のいわゆる武力をもって朝鮮は開国させるべきだとする「征韓論」を生んでいきます。

国書の受け取り拒否事件は、「日本が李氏朝鮮に対して傲慢な姿勢をとったからこそ起きた」と解釈する見方が現在の日本でも少なくありません。国書受け取り拒否を口実に侵略を図ろうとしていたというのです。

しかしこれは、国際標準の外交を李氏朝鮮が理解しなかったと考えるほうが自然でしょう。旧来の華夷秩序にこだわる朝鮮半島と近代化の推進に入った日本とが、世界観の違いを正面から衝突させた出来事でした。

朝鮮半島史 10

【征韓論】

国際情勢無視の朝鮮半島を、なんとか近代化させなくては…

征韓論についてお話しする前に、知っておくべき大きな問題があります。朝鮮半島の人たちの「プライド」、言ってしまえば「傲慢さ」についてです。朝鮮半島の人たちは中国に仕える事大主義を信奉するにもかかわらず、本当は「自分たちが世界の中心」と考えています。「小中華主義」です。この小中華主義は、李氏朝鮮時代に始まりました。

李氏朝鮮が礼を尽くしてきた中国とは、明朝と清朝です。清は、1616年に満洲で建国されました。建国したのは女真族のヌルハチです。当初は後金国と言い、明の冊封を受けていました。

後金国は万里の長城の外にありました。つまり、中国に礼を尽くすべき夷族側の国でした。

明が１６３１年に始まった「李自成の乱」で滅びます。清は明の遺臣《いしん》・呉三桂の要請で万里の長城を越えて中国に入り、李自成を破ります。そして１６４４年、満洲の国だった清は首都を北京に遷して中国の支配を開始します。

ここにこそ、重要な問題があります。李氏朝鮮が事大主義をもって礼を尽くすべき中国が、今や蔑視すべき夷族・女真族が支配する清朝となったからです。

《事大主義が骨の髄までしみ込んでいた李朝としては、精神的な事大の対象を失うわけにはいかなかった。そこで、内面ではあくまで過去の漢民族王朝に事大しているのだという、まことに屈折した意識をもつことになってしまった。

以後、李朝は「中国が夷狄化した以上、正統的な中華主義を奉ずるのは、もはやわが国しかない」という認識から、「大中華」なき世界で唯一の「中華」であることを、大きな誇りとするようになったのである。これが李朝特有の小中華主義思想である》

（前掲書『「日帝」だけでは歴史は語れない』）

小中華主義思想は、李氏朝鮮を、朝鮮半島の歴史の中で最も頑固な中華主義者にしてしまいました。事大主義はなおも強く信奉され、華夷秩序の世界観はさらに排他的な傾向を強め、李氏朝鮮の国家的なイデオロギーになりました。

中国は古来、朝鮮半島に対して侵攻・侵略を繰り返してきました。しかし韓国人は、日本を責めることはあっても、中国の行為を問題にすることはありません。これはつまり、華夷秩序の世界観によるものです。

韓国の多くの人々は、中国を自分たちの父として、日本を弟だと考えています。そして、「弟である日本が、兄である韓国に対して意見したり指図したりするのは許せない」と思っています。

明治初期の日本の征韓論は、《李朝もまた、日本のように早急に開国して近代化と富国強兵を推し進めなくては、またたくまに列強の支配下におかれることになってしまうだろう。そうなれば隣国の日本は窮地に立たされることになる。そのために、武力をもってでも強引に李朝を開国されるべきだ、という考えが勃興した》（前掲書）というものです。国際情勢から引き出した現実論でした。

朝鮮半島を助けざるを得なかった日本

しかし、朝鮮半島の人たちは征韓論を、古代から続く朝鮮侵略の野望ということでひとくくりにします。

韓国の学会では、征韓論は次のように考えられています。

「日本には古代以来の根深い征韓論がある」→「それは豊臣秀吉の侵略前後に、学者たちによって朝鮮劣等論・蔑視論へと集約されて、幕末の韓国征伐論となった」→「明治初期の征韓論はそれを受けたものである」→「征韓論は現在の日韓関係にまで延長している」

確かに江戸時代の国学者の中には、神功皇后の三韓征伐の伝承をもとに豊臣秀吉の朝鮮出兵を外征の見本としながら、日本は周辺諸国を制覇して世界を手に入れるべきだとする人もいました。

幕末の吉田松陰は、「西欧列強から押しつけられた不平等条約によってこうむる損失は、朝鮮・満洲・中国への進出で補うべきだ。朝鮮は古代には日本の属国だったではないか」と考え、朝鮮への外征の現実的な理由を国際情勢に求めました。

しかし、維新後、明治初期の征韓論のテーマはそれらとは違い、華夷秩序の破壊にありました。アジア諸国が自主独立して国力を高め、それぞれが欧米列強に立ち向かわなければ、日本の国家的な安全は保たれないという考えです。

華夷秩序の破壊は近代国家となった日本の現実的な緊急課題となったわけです。李氏朝鮮が華夷秩序に頑固にこだわる限り、朝鮮半島の近代化はありえませんでした。

華夷秩序の破壊とは、李氏朝鮮の、中国つまり清からの独立を意味します。現実問題として、北方からはロシア帝国の危機がさしせまっていました。ロシアによる朝鮮半島進出は目に見えていました。

明治時代の初期は、李氏朝鮮の近代国家としての独立が日本にとっての最大の外交課題となっていた時代なのです。

朝鮮半島史 11

【日朝修好条規】

「自主独立」の意味を理解しなかった李氏朝鮮

「朝鮮半島は1875年以来70年間にわたって日本と戦争をした」――。韓国の、特に知識人たちにおいては、そう考えるのが常識となっています。

征韓論が叫ばれるさなか、日本が1875年に韓国江華島砲撃を行ったのがきっかけです。その後、日朝修好条規、日清戦争、日露戦争、日韓議定書、第一次から三次にわたる日韓協約から日韓併合条約の締結があり、以後34年間と2カ月にわたる植民地支配があって1945年8月に終わる……。

この、1875年から1945年までの70年間を韓国人は「日本との戦争の歴史」と位置づけているのです。

1873年、李氏朝鮮で政変が起こります。

大院君はいったん退陣させられ、閔妃《ミンピ》政権が成立します。閔妃政権は反・大院君の勢力と開化派の官僚たちに後援されていました。理性的な判断というよりその反動から、今までの強硬姿勢は緩められ、明治新政府との交渉が再開されました。

李氏朝鮮の政権内にも、もちろん話のわかる人間はいました。しかし、ここでも、歓迎儀式の服装であるとか儀礼的なところでおりあわず、交渉は暗礁に乗り上げます。

日本はいよいよ砲艦外交に出ます。武力による威圧です。

1875年、日本政府は釜山に小砲艦を派遣して発砲演習を行い、示威《じい》行動に出ました。韓国人の言う、70年間の反侵略戦争の始まりです。

日本は示威行動をとりながら、清国北洋大臣の李鴻章に仲介を依頼するなどの外交作業を続け、翌年の1876年に交渉が再開され、「日朝修好条規」が締結されました。

日朝修好条規は関税自主権の無、領事裁判権の容認などを含む不平等条約として知られていますが、日本が不平等を強要したというよりも、国際常識の欠如と近代国家体制の無知から李氏朝鮮側からは何の議論も起こらなかったというのが実際のようです。

条文の冒頭、第一款には「朝鮮國ハ自主ノ邦ニシテ日本國ト平等ノ權ヲ保有セリ（朝鮮国は自主の国であり、日本国と平等の権利を保有するものである)」とあります。自主の国とは「独立国家」という意味です。華夷秩序から抜けることを約束させたはずの条約でしたが、李氏朝鮮の時の政権はそれを理解しませんでした。

日朝修好条規を結んだ閔妃政権は、いちおう開国政策をとりました。釜山港などが開港され、日本人の教官を招いて近代的な軍隊訓練も開始しています。しかし、中国の清朝を主とする事大主義が取り払われることはありませんでした。

国論は不統一です。儒学徒からなる勢力は開化には反対で、いまだに鎖国と攘夷を強硬に主張します。その一方には、日本の協力を受け入れ、近代化を日本に学んで自主独立を目指そうとする、金玉均《キムオッキュン》という人物を中心とする「独立党」あるいは「開化党」と呼ばれる青年官僚のグループがありました。

独立党は政権とは関係なく日本に調査員を派遣したり、また、金玉均自身も日本へ渡り、福沢諭吉の知己を得たりしました。福沢諭吉は金玉均に、井上馨をはじめとする政界の重鎮、渋沢栄一をはじめとする財界の重鎮を紹介しました。

自主独立の道筋はたっていましたが、やはりそれも伝統的な事大主義に潰されていくことになるのです。

朝鮮半島史 12

【日清戦争】

朝鮮半島に手を焼く、日本と清朝との戦い

1894年に始まる日清戦争は、朝鮮半島のあり方をめぐって起こった日本と中国・清朝との戦争です。

どうして戦争に至ったのか？ まずは、当時の李氏朝鮮の軍事がどのような状態になっていたかを知る必要があります。

日朝修好条規に基づいて、日本は、近代的な軍事部隊の展開を李氏朝鮮に援助しました。新しい部隊を「別技軍」と言います。

李氏朝鮮には、2千数百人の旧軍兵士が残っていました。装備はなんと火縄銃で、別技軍とは区別され、新しい武器も訓練も与えられなかったようです。

軍体制の再編成は旧軍兵士にとっては死活問題で、1882年、ついに漢城（現・ソ

ウル）で反乱を起こします。「壬午軍乱《イムオ》」と呼ばれている暴動事件です。暴動には途中から別技軍までが加わり、官庁や、時の政権を執っていた閔氏一族の屋敷、そして日本公使館を襲って王宮に乱入。政権の中心人物・閔妃を追い出して、ふたたび大院君を担ぎ上げて政権の座に据えました。

大院君は反開化の復古政策をとり、別技軍を廃止して旧軍の体制に戻します。

反乱の報告を受けた日本政府は、居留民保護と反乱で受けた損害の補償のために軍を派遣します。

一方、中国・清朝においては、天津に滞在していた閔妃政権の官僚が事大主義に乗っ取り、清朝政府に対して日本軍出動による反乱軍との衝突の危機を訴え、調停のための軍の派遣を要請します。

清朝はただちに軍隊を派遣して漢城へ進駐し、日本軍の牽制に入りました。清朝はまた、大院君を確保して天津に連行し、政権をふたたび閔妃に戻します。日本とスムーズに協議させるためです。

壬午軍乱は最終的に、乱の首謀者の処刑と日本人被害者への見舞金および賠償金の支払い、日本公使館での警備兵の駐屯などを取り決めた「済物浦《チェムルポ》条約」で終結します。

しかし、日本にとっての問題は「この乱を契機に、中国・清朝が李氏朝鮮に対してさらに影響力を強めるようになった」ということでした。

清は袁世凱に指揮をとらせて漢城を完全に軍事制圧しました。李氏朝鮮は清の属国であるということが確認され、貿易上の特権は独占され、政治、外交体制ならびに軍事制度も清のものに変わりました。

清は、いわゆる帝国主義的な支配を李氏朝鮮に対して開始したのです。復活した閔妃政権は、旧来の頑迷な事大主義の政策に戻りました。

日本は、李氏朝鮮に対する対策を考え直さざるをえなくなりました。独立党へのあからさまな支援は、結局は政権交代を目指すものですから清との軍事的緊張を呼びます。武力制圧ではなく、経済的な利権を獲得していくことで朝鮮半島をコントロールしていこうという姿勢に変わり、この姿勢をもってのちに日韓併合に至ることになります。

1884年、金玉均の独立党がクーデターを起こします。ベトナムの宗主権をめぐって清がフランスと戦争を開始した、その間隙をぬっての行動でした。「甲申政変」と呼ばれています。

日本政府の公式見解では誰も関係していないことになっていますが、日本の公使と軍隊は独立党のクーデターを後援しました。福沢諭吉も、思想的に金玉均を支援していました。

当初は、ソウル郵便局の落成記念として閔妃一派要人参加の祝宴が開かれている間に王宮に放火し、祝宴会場から王宮に向かわざるをえなくなった要人を途中で殺害する計画でした。しかし、王宮放火に失敗。金玉均たちは王宮に入って時の李氏朝鮮王・高宗を、「清が主導する暴動発生」とだまして王宮から景祐宮に移し、日本軍にその周囲を警備させます。

高宗の身を案じて政府要人が景祐宮に集まる中、金玉均は閔妃一派だけに門をくぐることを許して次々に殺害。金玉均ら独立党は新政権の樹立を宣言します。

クーデターを知った清の袁世凱は、国王救出の要請があったとして景祐宮を守備していた日本軍を攻撃します。日本軍150名に対して、加勢に走った李朝の軍人をふくめ清側の軍1500名。3時間ほどで清が景祐宮を制圧し、高宗は清軍に保護され、金玉均らは日本に亡命する結果となりました。クーデターは失敗です。

福沢諭吉に『脱亜論』という論説があります。

「日本にはもはや、隣国の自主独立を待つような余裕はない。西洋の文明国と進退をともにすることを決心し、アジア東方の悪友とは関係を断つべきだ」という内容で、これは、甲申政変の失敗を受けて書かれたものです。

日本は李氏朝鮮と「漢城条約」、清と「天津条約」を結んで、クーデター後の処理を行います。問題は、日本軍と清軍が朝鮮半島に駐留している以上、甲申政変のようにいつ戦争が起こっても不思議ではないという危険な状況でした。

「両軍は朝鮮から撤兵し、重大事変が発生して万一出兵する際には相手国に通知する。事変が平定したらすみやかに軍隊を撤収して駐留しない」という取り決めが天津条約のキーポイントでしたが、この条項が日清戦争の引き金となります。

李氏朝鮮は日朝修好条規のあと、アメリカ、フランス、ロシアなどとも通商条約を結び、経済的には開国状態にありました。外国製品の流入で経済は混乱し、民衆の生活は保証されることなく、各地で反乱が起きていたようです。その最たるものが１８９４年に起きた「東学党の乱」でした。

東学党は、朝鮮独自の宗教団体です。キリスト教を「西学」と呼んでいたことに由来しています。

李氏朝鮮はまず、清に鎮圧軍の派遣を要請します。そこで日本もまた天津条約に基づき、軍を派遣。乱は鎮圧されますが、清軍と日本軍、ともに撤兵を受け入れずに駐留を続け、ついに両軍が衝突。日清戦争となります。

日清戦争は日本の勝利に終わり、１８９５年に「下関条約」が結ばれました。

条約の第一条に「清は朝鮮を完全無欠の独立国であることを確認する」という内容があり、あらためて李氏朝鮮の「脱・華夷秩序」を宣言するものでした。ちなみに台湾は、この条約をもって日本の統治下に入りました。

朝鮮半島史 13

【日露戦争】

ついにはロシアにおもねった、李氏朝鮮の「事大主義」

下関条約にもとづいて李氏朝鮮は独立することになり、国内には清からの独立を評価する「親日派」が増えました。しかしそれは「親ロシア派」にとってかわられます。親ロシア派が台頭した理由は、下関条約締結直後にロシア、フランス、ドイツからなされた「三国干渉」です。遼東半島の返還を要求され、日本はそれを飲みました。

遼東半島は、朝鮮半島の南西間近にある中国の半島です。アジアの平和秩序が乱れるというのが返還要求の表向きの理由でしたが、南下を国策としていたロシアにとって遼東半島は重要な地域だったというのが三国干渉の本当の理由です。

列強との衝突を避けるために日本が三国干渉に屈したのを見て、「親日派」はいっせいに「親ロシア派」に転向しました。力の強いほうになびくという、朝鮮半島の伝統・

事大主義の本領発揮です。

高宗は、漢城（現・ソウル）にあるロシア領事館に住み、ロシアに守られながら政治を執る始末でした。

高宗は、鉱山採掘権や森林伐採権など多くの国内利権をロシアに譲渡していきました。もはや植民地状態です。

民衆の反発が目に見えてきたために高宗は王宮に戻り、自主独立の潮流を汲んで1897年に皇帝に即位し、国号を「大韓帝国」（韓国）に変えました。

国の首長が「王」ではなく中国と同じ「皇帝」を名乗るということは華夷秩序から抜け出すことを意味しました。しかし事大主義は変わらず、大韓帝国初代皇帝・高宗のとった親露政策は、朝鮮半島そのものがロシアの領土になりかねないものでした。

日本にとっては国家存亡の危機です。

「義和団の乱」（1900年）の鎮圧を経て、清は欧米列強の半植民地と化していました。遼東半島はロシアに租借され、ロシアはまた他の列強が撤兵する中で満洲にとどまり、事実上、満洲を占領下に置きました。不凍港の獲得を目論むロシアの南下政策は、明らかに朝鮮半島を狙っていました。

日本は1902年に「日英同盟」を結んでロシアの脅威に備えます。中国に利権を展開していたイギリスにとってもロシアは利害を違える国でした。日英同盟に脅威を感じたロシアは、いったん満洲を清に返還することを約束しますがすぐに約束を破ります。

日本国内で、主に大手新聞社の論調によって「ロシアとの戦争待望論」が沸き起こりました。

しかし、時の日本政府は武力衝突でロシアに勝てる可能性は低いと判断して外交交渉を続け、満洲と朝鮮半島を交換する「満韓交換論」を提案します。「満洲のロシア支配を認める代わりに、朝鮮半島の日本支配を認めよ」という提案でした。

ロシアはこの提案を退けます。「交換など必要ない。朝鮮半島もまた自力でものにする」というロシアの意思表示にほかなりません。

1904年、日本はロシアとの国交を断絶してロシアの旅順艦隊を攻撃。互いに宣戦布告して日露戦争が開始されました。

列強の予測に反して、この戦争は日本の勝利に終わります。セオドア・ルーズベルト米大統領の仲介で、1905年、アメリカのポーツマスで講和条約が結ばれました。ポーツマス条約では賠償金がとれず、その欲求不満が世論を刺激して大手新聞社がのちのちまで好戦を煽る背景となったとはよく言われることです。

賠償金の件は、これを要求するなら戦争を継続すると考えていたロシアに対して、戦争の再開を避けるための政府の策でした。

ポーツマス条約によって樺太の南半分が日本に割譲され、朝鮮半島における日本の優越権、遼東半島の都市である旅順と大連の日本の租借権が確定しました。

これを機に、日本は近代国際社会の中で大きな位置を占めていくことになります。

朝鮮半島史 14

【伊藤博文暗殺事件】

併合に反対していた伊藤博文を、独立運動派の安重根が殺害

ポーツマス条約で朝鮮半島における日本の優越権を国際社会に認めさせた日本は、大韓帝国を〝保護国〟としました。「保護国にする」とは、「外交処理をその国に代わって行う」という意味です。京城《ソウル》にはそれを行政する統監府がおかれました。伝統的な事大主義的外交政策を封じて大韓帝国を近代化させるのが日本の目的でした。近代化が実現すれば、保護国状態を解く予定でした。

一部には〝併合〟の主張もありました。「併合する」とは、「その地域の経営を行う」ということです。しかし、併合には莫大な費用がかかります。日本には欧米諸国のような、奪い取る一方の植民地政策をとるつもりはありませんでした。

そして、併合に反対していた日本政府重鎮こそ元内閣総理大臣、統監府の初代統監・伊藤博文でした。

その伊藤博文が1909年に暗殺されます。満洲・朝鮮問題についてロシア蔵相と非公式に話し合いをするために出向いた中国のハルビン駅で事件は起きました。

拳銃による暗殺犯は、独立運動派の政治活動家・安重根《アンジュングン》です。現代の韓国で、「義士」（正しい道を貫いた英雄）として讃えられている人物です。安重根の肖像をデザインした切手まであり、サッカーなどの国際スポーツ大会の横断幕に安重根の肖像が使われることさえある反日のシンボルです。

暗殺の動機は、安重根が「伊藤博文は明治天皇の意向に反した政策を朝鮮半島で行う〝逆臣〟だ」と思い込んだ点にあります。

韓国ではもちろん日本でもあまり知られていませんが、実は、安重根は「明治天皇が韓国の独立をはかり、平和を維持しようと努めたこと」をよく理解していた人でした。暗殺事件の裁判の中で、彼は「日本が韓国（大韓帝国）皇太子の李垠《イウン》の教育に尽力したことに対して韓国民は非常に感謝している」と述べています。また、日本が日清日露戦争を通じて朝鮮半島を含む東洋の平和を守った事実も評価しています。

安重根は、伊藤博文が明治天皇の御心《みこころ》に反しているとして暗殺を実行したわけです。

しかし現実には、韓国皇太子を日本に招いて教育に尽力した人物こそ伊藤博文でした。日韓併合に最後まで反対したのも伊藤博文でした。銃弾を受けたあと、しばらく意識のあった伊藤博文は、犯人が朝鮮人であることを聞き「馬鹿な奴だ」とつぶやいたそうです。

安重根は何者かに嘘の情報を吹き込まれたのです。嘘を信じて、祖国の大恩人を暗殺するという過ちを犯しました。そして現代の韓国でもいまだに、伊藤博文こそは朝鮮侵略の元凶だと考えられています。

暗殺当時にはすでに併合は閣議決定されていましたが、伊藤博文が生きていれば、併合の内容や期間も大きく変わっていた可能性は高いでしょう。

伊藤博文の暗殺を機に、日韓併合が急がれることになります。朝鮮半島の衛生改善、インフラ整備、産業育成、教育レベルの引き上げが図られ、朝鮮半島の近代化は飛躍的に進みました。結果を見れば、皮肉にも、安重根は韓国を救った英雄であると言えるかもしれません。

朝鮮半島史 15

【韓国併合】

「韓国併合」によって、朝鮮半島の人口は約2倍に！

伊藤博文暗殺事件によって、日本国内では「併合論」が高まりました。大韓帝国政府からも、併合の提案がなされました。

当時、会員が百万人程度いた大韓帝国最大の政治結社「一進会」は、「日韓合邦」を歓迎する声明を出しています。

日本は併合にあたって、列強各国に打診しました。国際社会の一員として慎重に事にあたったのです。反対する国はなく、イギリスやアメリカの新聞は、東アジアの安定のために支持するという論調を張りました。

日本は大韓帝国の併合を決めます。

先に述べたとおり、現在の朝鮮半島の人たちは韓国併合を「古代から続く日本の朝鮮半島侵略の意思、日本民族がもともと持つ野蛮な資質がそうさせたものに過ぎない」と考えています。

しかし韓国併合に武力は一切、使われていません。大韓帝国の意向が無視された事実はありません。互いの政府の合意があって実現し、国際社会の歓迎のもとで実施された政策でした。

日本は莫大な費用を朝鮮半島に投入しました。その結果、朝鮮半島に次のような変化が起こりました。

・併合当時の朝鮮半島の人口は1312万名、併合後には最終的に2512万名と、2倍近くにまで増加。社会的インフラの整備と経済成長によるものであることは明らか

・併合当時に100校ほどだった小学校に相当する4年制の普通学校が、6年制の国民学校として総計5960校に増加。6パーセント程度だった識字率が22パーセントに増加。とりわけ朝鮮半島では知られていないが、ハングル教育を推進して普及させたのも併合時代の日本

・当時、世界で高くても年2パーセント程度だったGDP成長率が、1920〜30年代の朝鮮半島では平均年4パーセントほどの上昇をコンスタントに記録
・併合当時に年1000万石程度だった米の生産高が1940年には年2200万石を超えるほどに伸長
・併合当時24歳だった平均寿命が42歳に伸長

ここに挙げたのはほんの一例に過ぎませんが、当時の欧米列強が推進した「植民地」政策とは大きく違うことがわかります。

植民地は欧米列強にとって、本国工業に必要な原料を安く仕入れることのできる供給地でした。特定農作物を生産するプランテーションを本国人が経営し、現地の人たちはその安価な労働力として利用されました。そしてまた植民地は、本国の工業製品が購入される市場でもありました。

つまり、欧米列強は植民地を二重に収奪していたのです。

奪うばかりであるのが欧米列強の植民地政策です。一方、日本の併合政策は、現地の

人たちを主人公として本国と同等の経済的発展をもって強い地域となり、欧米列強の脅威を排除できるだけの力をつけさせるのが目的でした。

確かに、当時の日本政府の議事録などを見ると、朝鮮半島に対して「植民地」という用語を使う場合があったことがわかります。しかしそれは、言葉だけの問題です。当時、国際社会の認識としても、日本はすでに大国の仲間入りをしていました。「大国は植民地を経営して当然」というのが、当時の国際常識だっただけの話です。植民地という用語に惑わされる必要はありません。

第三章

日本と朝鮮半島③【3・1運動〜現在】

失われたアイデンティティを探し続ける人々

朝鮮半島史 16

【3・1運動】

韓国は神聖視し、北朝鮮は否定する「3・1運動」

1919年3月1日、後に「3・1運動」と呼ばれることになる大日本帝国からの独立運動が京城《ソウル》で発生します。

その前年に、アメリカのウッドロー・ウィルソン大統領が「14カ条の平和原則」を発表していました。その第5条に含まれる「民族自決」の原則のスローガンが、3・1運動の契機となったとされています。

パゴダ公園（現在のタプコル公園）で、天道教という宗教団体の長・孫秉熙《ソンビョンヒ》ら33名が独立宣言を発表し、運動自体は朝鮮半島全域に広がりました。独立宣言には「朝鮮の独立によって日本、そしてそこに住む人々との間に正しい友好関係を樹立する」といった内容もあり、当初はデモやストライキなどに限った平和的な運動でした。

ところが、次第に警察署や村役場、小学校などが襲われるようになって暴徒化し、放火や投石、暴行など何でもありの運動になっていったようです。

3・1運動にともなって国内外の独立運動家が上海に集まり、亡命政府である「大韓民国臨時政府」を樹立します。大韓「帝国」ではなく「民国」なのは、皇帝体制ではなく共和制を意味するものとするためです。

大韓民国臨時政府の初代大統領にはアメリカに亡命していた政治活動家・李承晩《イスンマン》が就任しました。戦後の韓国初代大統領にも就任した、竹島を不法に韓国領と位置づけてしまった「李承晩ライン」で広く知られる人物です。

大韓民国臨時政府は、中国政府からの支援金を財源として運営されていた政府でした。しかし、当時の中国である中華民国の国民党政府でさえ臨時政府を正式な政府として承認していません。

承認する動きもあったようですが、アメリカが承認拒否したことで可能性はなくなり、そのまま戦後を迎えることになります。

3・1運動は日本の朝鮮総督府によって鎮圧され、その後、終戦までこの類の大規模運動は起こりませんでした。日本側が武力によって押さえつけたわけではありません。3・1運動で主張された要求について聞く耳を持ったのです。

朝鮮総督府は結社の制限廃止など、法制度改革を一挙に進めていきました。武力による統治から、法の整備で平定を図る文化統治へと転換した結果、朝鮮半島では日本統治に対する抵抗はまったくと言っていいほど見られなくなります。

日本統治のあり方を改革させたものの、3・1運動は独立運動としては失敗に終わった運動です。上海の大韓民国臨時政府も、ついに世界のどの国からも承認されることはありませんでした。

現在の韓国は、3月1日を重要視して「祝日」としています。

韓国の現行憲法前文には、「悠久な歴史と伝統に輝く我々大韓国民は3・1運動で成立した大韓民国臨時政府の法統と、不義に抗拒した4・19民主理念を継承し……」と書かれています。

「法統」とは、「法的正統性」といったほどの意味でしょう。

3・1運動は建国理念として神聖視され、現在の韓国は、1948年の李承晩による独立の宣言ではなく、1919年の大韓民国臨時政府樹立をもって建国されたと考えられているのです。

ちなみに「4・19民主理念」とは、戦後1960年に起きた「四月革命」を指しています。

大統領選挙の大規模な不正に反発した民衆が当時大統領の李承晩を引きずり降ろして民主主義を完遂したとされる出来事です。

さて、北朝鮮はこの失敗に終わった3・1運動をどう考えているでしょうか？

「ブルジョアの甘ちゃんたちのどんちゃんちゃん騒ぎ」などと批判して、その価値を否定しています。

朝鮮半島史 17

【終戦】

韓国にとっては自主独立。北朝鮮にとっては祖国解放

1945年8月15日の正午、昭和天皇の玉音放送がラジオで流れました。日本国民が、ポツダム宣言の受諾と大東亜戦争の終戦を知った瞬間でした。当時、朝鮮半島は日本の併合下にありました。朝鮮半島の人たちは、日本国民として終戦を迎えたのです。

大東亜戦争が終結した日は正確にはいつなのか？　それには諸説ありますが、日本では一般的に8月15日を終戦の日としています。日本政府はこの日を「戦没者を追悼し平和を祈念する日」として、毎年、全国戦没者追悼式を主催しています。

朝鮮半島の人たちは、1945年8月15日をどのような日だと考えているでしょうか。

韓国では8月15日は「光復節」と呼ばれる国民の祝日です。光復とは本来、「光が戻る」という意味。韓国ではこれを「奪われた主権を取り戻す」と考えるのが普通です。

8月15日は「光復節」で、「朝鮮が日本の統治から脱して自主独立を取り戻した記念日」

ということになっています。

北朝鮮でも8月15日は国民の祝日です。日本統治の終了は祖国の解放を意味し、この日は「解放記念日」とされています。

北朝鮮では、日本統治の終了と大東亜戦争の終戦は、北朝鮮の初代最高指導者・金日成《キムイルソン》が抗日革命闘争を戦い抜いた結果としてもたらされた偉業だと考えられています。

日本の朝鮮総督府から行政権が朝鮮側に移譲された（併合が終了した）のは、同日8月15日です。行政権の移譲はラジオ放送で発表され、朝鮮半島各地で日章旗が降ろされ、李氏朝鮮時代に制定された国旗・太極旗が掲げられたと言われています。

9月2日、日本は降伏文書に調印し、連合国軍最高司令官総司令部（GHQ）の占領下に入りました。

連合国側は当初、朝鮮半島については、アメリカ、イギリス、中国、ソ連の4カ国で信託統治する計画でした。

アメリカとソ連がそれぞれ軍隊を駐留させる予定でしたが、分担の取り決めがあいまいで、朝鮮全土をソ連が占領する事態となるのをアメリカが危惧した結果、北緯38度線を境とした南北の分割占領が米ソ間で合意されたのです。

朝鮮半島史 18

【南北朝鮮】

国家の建設理念そのものに、「反日思想」をすえて独立

1945年8月15日、日本の総督府から行政権を移譲された朝鮮半島では、呂運亨《ヨウニョン》という独立運動家を中心に朝鮮建国準備委員会が結成されました。

9月2日、日本が降伏文書に調印したのを受けて、朝鮮人民共和国の建国を宣言します。このときにはまだ南北は分裂していません。

朝鮮人民共和国は朝鮮半島の人たちが自主的に樹立した政府でしたが、亡命政府として中国に存在していた大韓民国臨時政府は「自分たちが正統」として協力を拒否、アメリカやソ連も政府承認を拒否します。

日本の朝鮮総督府の正式な降伏は9月9日です。これをもって、北緯38度線を境に北朝鮮ではソ連軍、南朝鮮ではアメリカ軍が軍政を開始します。つまり、占領されたわけです。

問題は、日本については戦時中から研究され、終戦後の占領行政プランがすでに明確に立てられていたのに対して、朝鮮半島についてはアメリカもソ連も実情をほとんど把握していないまま占領行政に入ったということでした。

米ソの思惑の対立がそのまま朝鮮半島の混乱になっていきました。

1948年、国連決議で「南朝鮮単独の総選挙」が5月に実施されることが決まりました。

総選挙を行うということは、政府が樹立されて独立するということです。南朝鮮単独ですから、これは同時に、国家として南北の分断が決定することを意味します。

南朝鮮単独政府の樹立をやぶさかとしない李承晩の韓国民主党派に対して、南北統一政府樹立を主張する金九《キムグ》らの大韓民国臨時政府派が反発し、金九らは南朝鮮単独総選挙に反対する北朝鮮側と協調する動きを見せました。

南朝鮮単独の総選挙は予定どおり実施され、議会が設置されて憲法が制定され、大統領選挙で李承晩が選出され、8月15日に大韓民国政府の樹立が宣言されます。

これをもって公式にはアメリカの占領は終了しました。

一方、北朝鮮側は南朝鮮単独の総選挙実施を受け、南朝鮮単独新政府に対抗する新政府の樹立を急ぎました。8月25日に最高人民会議を設立するための代議員選挙が行われます。

南北全体での選挙を建前としましたが、大韓民国政府が樹立されたあとでしたから実質の全体選挙とはならず、大韓民国政府樹立反対派が秘密裏に代議員を選出して北朝鮮側に送っての選挙となりました。

9月8日、朝鮮民主主義人民共和国憲法が最高人民会議で公式採択され、9月9日、金日成を首班として朝鮮民主主義人民共和国が建国。朝鮮半島に社会主義政権が誕生しました。

ソ連が国家承認し、ソ連による北朝鮮の占領はここに終了します。

南朝鮮（大韓民国）の初代大統領・李承晩は、1919年の3・1運動から起こった上海・大韓民国臨時政府の初代大統領を務めた政治運動家です。

一方、北朝鮮（朝鮮民主主義人民共和国）の首相となった金日成は、日中戦争勃発の前後に中国共産党に入党、満洲における抗日パルチザン活動に参加して大活躍したとされる経歴を掲げてトップの座についた人物です。

李承晩と金日成にはきわめて明らかな共通点があります。両名とも、反日・抗日のシンボルあるいは英雄として担ぎ上げられたということです。

金日成に至っては朝鮮を日本から解放して素晴らしい国家を建設・運営した「偉大なる首領様」として神格化されています。

韓国と北朝鮮は、朝鮮半島古代からの反日の歴史・伝統のもと、さらに強固な「反日思想」を国家建設の理念において戦後にスタートした国なのです。

朝鮮半島史 19

【朝鮮戦争】

戦後の東アジアの構造を決定した代理戦争

韓国および北朝鮮（朝鮮民主主義人民共和国）の独立後の政治テーマは、南北に分断された「朝鮮半島の統一」に置かれました。

韓国の李承晩大統領は「北進統一」を掲げました。アメリカが主導する自由主義勢力によって国家統一を図ろうということです。

北朝鮮の金日成首相は「国土完整」を掲げました。ソ連が主導する共産主義勢力によって国家統一を図ろうということです。

朝鮮半島は、戦後の国際秩序を代表する東西冷戦構造が端的に表出した地域でした。

朝鮮民主主義人民共和国の建国後、ただちに金日成は大韓民国への武力侵攻を目指しますが、ソ連の第2代最高指導者であるヨシフ・スターリンは許可しませんでした。アメリカとの軍事衝突を避けたのです。

1948年の12月にソ連軍は朝鮮半島から撤退。そして翌年の6月にアメリカ軍が撤退したのを見て、北朝鮮では「祖国統一民主主義戦線」が結成されます。「統一」がつくのは、韓国側の左翼勢力が結集した民主主義民族戦線を、かねてからあった北朝鮮側の民族戦線と統合するかたちでできあがった団体だからです。「親日であることは民族に対する反逆である」という共通認識で結ばれた団体です。

ちなみに、現在の北朝鮮に、政党は朝鮮労働党しか存在しないというのは勘違いです。実は他に朝鮮社会民主党と天道教青友党の2つがあって、ちゃんと議席を持てることになっています。

ただし、3党はこの祖国統一民主主義戦線に加盟。つまり祖国統一民主主義戦線は労働党一党独裁体制を維持するための組織として機能しているのです。

朝鮮戦争勃発のきっかけになったのは1950年1月12日の、当時米トルーマン政権の国務長官だったディーン・アチソンの演説でした。アチソンの演説は「アメリカはアジア地域の防衛線に南朝鮮を含めない」つまり「アメリカは大韓民国を守らない」と解釈されても不思議ではないものでした。

アチソン演説から5カ月後、6月25日に北朝鮮が38度線を越えて韓国に侵攻します。その2日後に、国連安保理は北朝鮮の行為を侵略と認定し、国連加盟国に対して韓国防衛を勧告しました。

北朝鮮の後援者であるはずのソ連は常任理事国で拒否権があるにもかかわらず、安保理を欠席して国連軍の出動を黙認します。

のちの情報公開で明らかになったことですが、当時のスターリンには、アメリカの目を朝鮮半島に向かせ、そのすきにヨーロッパ方面の共産主義化を強化しようという目論見があったようです。

金日成軍は一時、朝鮮半島の南端・釜山まで侵攻します。9月15日、マッカーサーが指揮する国連軍が仁川に上陸し、北朝鮮軍を中国国境付近まで押し返しました。10月19日には、「義勇軍」と称した中国の共産党軍が介入します。

ソ連はアメリカと軍事衝突するのを嫌い、北朝鮮への援助を当時同盟関係にあった中国に肩代わりさせようとしたのです。

「義勇軍」としたのは、国家正規軍ではなく、あくまでも自発的に戦闘に参加した軍に過ぎないとすることで中国本土に戦禍がおよぶのを避けようとした、中国の指導者・毛沢東の指示でした。

また、この頃、特に韓国から日本への密航者が急増したことはよく知られています。戦況は互いに一進一退で、翌年1951年には北緯38度線で膠着状態となりました。

1953年7月に休戦協定が結ばれます。国際連合軍司令部総司令官と、朝鮮人民軍最高司令官および中国人民志願軍司令員との間の協定です。

つまり、休戦協定は国連と中国および北朝鮮との間に結ばれたものです。現在もまだ停戦状態にあるだけで平和条約は結ばれておらず朝鮮戦争は終結していないということは知っていても、この協定に韓国は参加していないことを知らない日本人は少なくないでしょう。

韓国はアメリカと、朝鮮戦争を受けるかたちで1953年10月に軍事同盟に関する米韓相互防衛条約を結び、現在に至っています。

朝鮮戦争当時、日本は、実質的にはアメリカですが連合国の占領を受けていました。韓国を援助する国連軍は日本を攻撃の発着基地としていたのです。日本国内では脱走兵が問題を起こすこともあったようです。

また、一時、北朝鮮軍は釜山まで侵攻しています。日本からは目と鼻の先です。実際、九州において福岡、門司、小倉、戸畑、八幡、佐世保の6都市に空襲警報が発令されたこともありました。

当時すでに日本国憲法は公布されています。第九条に軍隊の放棄があります。日本の国土防衛も、また国内の治安維持も、占領軍（アメリカ軍）頼みです。

朝鮮戦争の混乱は、「日本の面倒など見ている場合ではない」という状況を生みました。アメリカはこれを解決するために、1950年8月、治安維持武装部隊として「警察予備隊」を日本に組織させます。これがのちの「自衛隊」となります。

さらには、日本の独立を急がせる必要から、1951年にサンフランシスコで講和会議が開かれることになるのです。

朝鮮半島史 20

【李承晩ライン】

日米安保条約の曖昧さを利用した、韓国の卑劣さ

1951年9月、アメリカのサンフランシスコで講和会議が開かれ、日本は48カ国と平和条約を結びます。「日本国との平和条約」、通称「サンフランシスコ平和条約」です。連合国による占領はここに終了して、日本は独立を回復しました。

日本国内に、条約締結の反対がなかったわけではありません。この平和条約は日本と各国との間の、いわゆる単独講和です。事実、当時のソ連とは締結しておらず、今も平和条約はロシアとの間の外交課題として残されています。

ソ連も含めた相手国すべてとかわす全面講和でなければだめだというので、社会党と共産党、そして、多くの大学長ら学者や知識人が締結に反対しました。

締結反対派は、スターリンの意向に沿って動いたとされています。サンフランシスコ講和会議は、アメリカが日本を自由主義陣営に組み込むことを確固とするために開催さ

れたもの。ソ連にとって日本の独立は、そういう意味で都合が悪かったのです。朝日新聞をはじめとする大手マスコミも、単独講和をネガティブに報じました。

講和条約が締結された同日、アメリカとの間に「日米安全保障条約」が結ばれました。朝鮮戦争がまだ続いていたこともあり、米軍が撤退すれば日本の安全保障は危機に陥ります。

米軍は引き続き日本に駐留し、基地もまた日本国内のいかなる場所に置くこともできましたし、日本国内で内乱が起きた場合には米軍が出動することも可能でした。

これらの不平等さは１９６０年の実質改定で部分的に解消されますが、当時の安保条約にはアメリカの防衛義務も明記されていませんでした。

この弱点を利用するように１９５２年、韓国は国際慣例を無視して「李承晩ライン」を設定。勝手に日本海に国境線を引いて、竹島を自国側に取り込み、不法占拠します。

韓国は対馬と竹島を日本に放棄させるようアメリカに主張していましたが、「それらが朝鮮の領土だったことは一度もない」と拒否されていたのです。竹島という「問題」はこうして発生しました。

朝鮮半島史21

【日韓基本条約】

国際条約を無視する、常識知らずの国・韓国

朝鮮半島は1910年から日本に併合されていましたから、先の大戦の終戦は日本として迎えました。

ところが韓国は戦後、「自分たちは対日戦勝国つまり連合国の一員である」との立場を主張します。

戦争賠償金を要求し、李承晩大統領はサンフランシスコ講和会議への参加を要望。しかし、米英をはじめとする国際社会に拒否されました。

韓国はアメリカに対して広報活動を行い、対日賠償請求の準備を進めます。当然ですが、日本は「韓国を合法的に領有、統治しており、韓国と交戦状態になったことはない。したがって韓国に対して戦争賠償金を支払う立場にはない」と反論します。

同時に、これもまた国際常識ですが、日本は「韓国の独立にともなって遺棄せざるを

えなかった在韓日本資産の返還を請求する権利がある」と主張します。「インフラの整備をはじめ、併合時代に朝鮮半島に投資した費用を補償してもらう権利がある」としたのです。

「日韓基本条約」が結ばれ、日韓の国交が正常化するのは10年以上の交渉を経た1965年です。アメリカの仲介のもと、最終的には日韓基本条約と同時に締結された「日韓請求権・経済協力協定」によって日本が巨額のカネを払うことで片が付きます。

日本は韓国に、無償で3億ドル、有償で2億ドル、民間借款3億ドルをはじめ、総額で11億ドルを払いました。当時の韓国国家予算の2・3倍にあたります。53億ドルと試算された、先に触れた在韓日本資産についてはすべて放棄するとした上でのことです。

韓国は、この協定によって「対日請求権をすべて放棄することに合意」しました。完全かつ最終的な解決の確認が協定には明示されています。1945年8月15日以前の日韓問題はこの協定によって解決がつき、今後いかなる主張もすることができないことが条文にも明記されました。

しかし、韓国が今も事あるごとに戦時中の慰安婦や徴用工などを問題とし、あいかわらず日本からカネを引き出そうとしていることはみなさんもよくご存じでしょう。条約を無視した「国際常識に反する行為」です。

日本が協定で支払ったのは賠償金ではなく経済協力金です。日韓は戦争をしていませんから、賠償の義務は日本にはありません。にもかかわらず多額の協力金を支払ったのは、主に安全保障の観点からでした。ソ連や北朝鮮、中国といった脅威が日本列島の目前にありました。

また、李承晩ラインによって韓国が日本の漁船を拿捕し、多くの日本人漁民を捕えていました。不法ではあるものの、そういった人たちの安全を確保しなければなりませんでした。

日本の、朝鮮民主主義人民共和国（北朝鮮）の国家不承認は、この日韓基本条約によって明確化されました。

条約第3条の「大韓民国政府は、国際連合総会決議第百九十五号（Ⅲ）に明らかに示されているとおりの朝鮮にある唯一の合法的な政府であることが確認される」にもとづきます。

ただし、日本は韓国に対して軍事境界線以北の朝鮮地域の領有も認めていません。

日本は北朝鮮に対しては、「住民の自由な意思の表明によって行われる選挙に基づいて政府が成立したと判断されるとき」ならびに「国際法を遵守する意思と能力を有したと判断されるとき」には国家承認も可能だとしています。

北朝鮮に対する日本の公式な認識は「韓国の管轄外にある朝鮮地域」で、これにもとづいて外交は展開されています。


なお、北朝鮮は1991年に韓国と同時に国連に加盟しました。

日本、そしてアメリカやフランスは国家承認していないものの、北朝鮮は2020年現在、160以上の国々と国交があるということは知っておいていいでしょう。

朝鮮半島史 22

【慰安婦問題】日本国内を蝕む、親韓&親北の反日勢力

慰安婦問題は、日本国内の反日勢力がつくり出した問題だと言うことができます。

1982年、朝日新聞大阪版が衝撃的な記事を載せました。「軍の命令で朝鮮の済州島に渡り、朝鮮人女性を木刀で脅してトラックで無理やり連れ去り慰安婦にした」という、吉田清治の証言記事です。吉田清治は、1977年に同内容の『朝鮮人慰安婦と日本人』という本を出版していた人物でした。

終戦後、これらの本が出版されたり新聞で報道されるまで、韓国は一度も「慰安婦」という問題で日本政府に抗議を起こしたことはありません。

吉田清治はその後も『私の戦争犯罪―朝鮮人強制連行』という本を出したり、自費とされていますが韓国に謝罪碑なるものを建てて土下座をしてまわるなどのパフォーマン

スを展開。朝日新聞のほうは、吉田清治の証言だけで18の記事をつくっています。

のちに吉田清治がインタビューで「本に事実を書いても何の益もない」「事実を隠し、自分の主張を混ぜて書くなんていうのは新聞だってやっている」などと答えたとおり、すべては吉田清治のフィクションでした。

それに朝日新聞がのり、左翼系のジャーナリストや文化人がのったわけです。社会党や共産党の議員も、この風潮を利用しました。

GHQは占領時代に日本人に対してWar《ウォー・》 Guilt《ギルト・》 Information《インフォメーション・》 Program《プログラム》（WGIP）を展開しました。

日本人は、「日本は悪い国だった」という話なら喜んで聞く、そういう頭の構造に変えられてきていたのです。

韓国のほうは、こうした状況を見て外交カードとして利用することにし、日本政府に抗議を開始しました。

1993年、「慰安婦の強制連行を認めるなら問題は蒸し返さない」という韓国側の言葉を信じて、日本政府は、時の内閣官房長官・河野洋平によるいわゆる「河野談話」を発表します。事実を追求しないまま、河野談話は日本軍の関与を認めてしまいました。「強制連行を認めたよね」ということで、韓国はその後、執拗に賠償と補償を要求し続けているわけです。

朝日新聞が、吉田清治の証言に基づく記事はすべて誤りだったという訂正記事を紙面に載せたのは2014年のことです。

それでも韓国側は慰安婦問題を取り下げません。韓国が欲しいのはカネであって、真実ではないのです。

朝鮮半島史23

【日本人拉致事件】

「主権」と「人権」を蹂躙する、北朝鮮による大犯罪

北朝鮮による日本人拉致が初めて表に出たのは、1980年1月7日、産経新聞のスクープ記事によってでした。「アベック3組ナゾの蒸発　外国情報機関が関与?」という見出しの記事です。

その年の3月に失踪事件についての国会質疑がありましたが、北朝鮮の名前は出ていません。日本人拉致は、当初、雲を掴むような話として扱われていました。

1988年、事実としての検証が始まります。

石岡亨さん(北海道)、松木薫さん(熊本県)、有本恵子さん(兵庫県)の消息を伝える石岡さん本人の手紙がポーランド経由で家族の元に届いたのです。

家族の方々は、北朝鮮とのパイプを期待して、まず日本社会党系の政治家に相談しま

した。しかし、「国交がないから」ということを主な理由に事態は進まず、そのあともしばらく、拉致事件は保留され続けます。

1997年のはじめ、脱北した北朝鮮工作員の証言が出て、事態は動き始めます。国会でも「北朝鮮による拉致」という表現が明確化された質疑がなされ、北朝鮮による拉致被害者家族連絡会・通称「家族会」が結成され、超党派の議員による北朝鮮拉致疑惑日本人救済議員連盟（旧拉致議連）も設立されました。

一方、日本国内には、拉致事件は捏造だと主張する勢力も左翼系人権弁護士、左翼系政党および知識人・文化人の間にありました。「北朝鮮に対する戦争の謝罪と賠償をごまかそうとする詭弁」「朝鮮人差別による誹謗中傷」などと言われたのです。

拉致事件は、2002年9月17日の小泉純一郎当時首相の訪朝で大きな局面を迎えます。金正日当時総書記が自ら拉致を認め、謝罪したのです。

ただし、国家的関与は認めず、「英雄主義に走った一部の特殊機関の者」が実行したとし、関係者は処罰済みだとしました。ほぼひと月後の10月15日、5人の拉致被害生存者が帰国しました。

北朝鮮による日本人拉致は、1970年代から80年代にかけて実行されました。日本政府が認定した拉致事案は12件、被害者は17人。警察白書は拉致被害の可能性を排除できない者の数を883名としています。

北朝鮮側は、「拉致したのは13人だけ」であり、「取り決めにより、死亡者8人を除く生存者5人を返還したので問題はすべて解決済み」と主張し、それは今も変わっていません。

朝鮮半島史 24

【徴用工問題】

法の常識が通用しない、韓国の大法院

２０１８年10月30日、韓国の大法院が、現在は日本製鉄株式会社に社名変更している日本企業・新日本製鉄に対して、韓国人４人へ１人あたり1億ウォン、約１０００万円の損害賠償を支払うよう命じました。大法院は、日本で言えば最高裁にあたります。「徴用工訴訟が大法院で結審したのは初めて」と報道されました。結審していない訴訟が他にもたくさんあるということです。

「徴用工」とは、併合時代の１９３８年に制定された「国家総動員法」により、終戦間近の１９４４年9月から日本人同様に労働者徴用が適用されて労務動員された朝鮮半島の人たちのことを指しています。

日本の悪行としてよく言われる「強制連行」あるいは「強制動員」は、このことを指しています。

先にも触れたとおり、戦争にまつわる対日請求権は日韓請求権・経済協力協定ですべて放棄されています。さらには、韓国政府は「個人への補償はすべて韓国政府が行う」として、その費用を含めて日本は一括して協力金を支払いました。

ところが、韓国政府は日韓の取り決めを国民に周知せず、この事実を韓国国民が知ったのは2009年、ソウル行政裁判所が情報公開をしたときのことでした。そのため、徴用工訴訟などという国際常識としてはありえないことが起こっているのです。

つまり、いわゆる「徴用工」だった人たちが訴訟するのは自由ですが、訴訟するなら韓国政府に対してしなくてはならない。ところが、これをくつがえす出来事が2012年に起こりました。韓国大法院が、元徴用工8人が三菱重工業と新日本製鉄を相手に起こした損害賠償請求訴訟をはじめて認め、それが現在に続いているのです。

大法院の理屈は「1965年に締結された日韓請求権協定は日本の植民地支配の賠償を請求するための交渉ではないため、日帝が犯した反人道的不法行為に対する個人の損害賠償請求権は依然として有効である。被告たる日本企業の、消滅時効が過ぎて賠償責任はないという主張は信義誠実の原則に反して認められない」というものでした。

第四章

日本と韓国【現代】

ストーカー国家・韓国に悩まされる日本

朝鮮半島史 25

【併合と植民地の違い】

奪い続ける西洋の植民地支配。与え続ける日本の併合統治

前章までで、朝鮮半島の古代から現代までの歴史を概観しました。朝鮮半島の歴代の国々が例外なく、いかに頑なに中華主義と華夷秩序の中にあり続けて「事大主義」を国の運営の礎としてきたか、また、どうしてそういう国柄になったのか、おわかりいただけたことと思います。

そして、韓国と北朝鮮は引き続き、あるいはさらにその姿勢を強めて国際社会の常識と対峙していると言っていいでしょう。

この章からは、20世紀以降の「日本と韓国」「日本と北朝鮮」の関係についてさらに詳しく考えていきたいと思います。

まずは韓国です。現在、韓国がしつこく日本につきまとうためのネタにしている慰安

婦や徴用工の問題は、1910年の「韓国併合」が生み出したものです。

植民地は悪いイメージ、併合は良いイメージ。漠然とそうとらえている人が多いようです。呼び方はともかくとして、ポイントは「その地域の統治（支配）の仕方が、基本的に保護的であるかどうか」です。

植民地支配は、伝統的には天然資源を略奪するためのものでした。15世紀半ばに始まる大航海時代は簒奪の対象は香辛料であり、通貨となる銀でした。そして、産業革命以降は植民地に石炭鉱山を求め、20世紀に入ってからは石油を求めました。対象が何であるにせよ、軍隊を連れて出かけていき、資源を奪って帰るだけで何も残さないのが植民地支配というものです。

21世紀に入って中国が、アフリカとの経済的な結びつきを急速に開始しました。2016年には投資合計が400億ドルを超え、2018年9月、中国主席の習近平は向こう3年間でさらに600億ドルを拠出すると表明しました。

これは、インフラ整備資金がぜひとも欲しいアフリカ各国を軒並み借金漬けにして返済不能に陥らせ、いわばその担保である国土を奪い取る作戦です。インフラの各建設においても、各国とも、中国のけっして質がいいとは言えない資材を買わされます。

支配はしていないとしても、完全に伝統的な植民地支配的な政策です。中国のアフリカ進出が国際社会に強く非難されているのは、それが理由です。

日本が1910年に行った韓国併合は、併合することで経済の風通しを良くして、韓国を日本と同じ近代国家にしようという政策でした。併合時代に日本が朝鮮半島に投入した費用は総計約21億円、現在価値で約63兆円ほどだと言われています。日本は、こうして朝鮮半島に鉄道や道路など、様々なインフラを建設・整備していきました。

実はこれは、国際常識からすれば異常です。たとえば、アメリカは沖縄を1945年から1972年まで占領統治していました。アメリカは沖縄に何もしていません。沖縄返還のときに何があったかと言えば、縁石もまともについていない、片側2車線の現・国道58号線くらいのものです。

私は、返還直後の1975年に海洋博の仕事で沖縄へ行きましたが、アメリカはホテルも十分につくってこなかったことがわかりました。58号線をどうにかこうにか4車線にして、石川から名護まで高速を走らせはしましたが、それだけです。

アメリカは沖縄には何も投資しなかったと言っていいですし、そして、外地への対応としては世界的に見てそれが普通です。

日本の韓国併合は、朝鮮半島の人たちに「日本人になってもらう」という政策でした。日本内地に住む朝鮮人には衆議院議員の選挙権も被選挙権も与えられていました。当然、日本の議会には朝鮮人の議員もいました。

ちなみに、朝鮮半島の居住民には、日本人にも選挙権・被選挙権は与えられていませんでした。

日本は朝鮮半島の人たちに日本の文化に溶け込んでもらおうとしました。よく、「創氏改名」という措置が「朝鮮人の姓名を強制的に日本名に改めさせた」として槍玉に上がります。

しかしその実際は、「創氏」とは朝鮮式の「本貫と姓」とは別に新たに一つの家族名として「氏」を創設する制度であり、「改名」とは従来の氏名を任意に変更できる制度のこと。そこに、「日本式の姓名に改めなくてはならない」といった規定はありませんでした。

とはいえ、日本の文化に溶け込んでもらいたいという態度は傲慢といえば傲慢かもしれません。ただし、日本が一連の統治を善意で行っていったことは確かです。その証拠に、当時日本が統治していた台湾には善意が通じました。

ところが、前章までに見てきたとおり、理不尽にプライドの高い朝鮮半島の人たちには通じない。それを日本は見極められなかったということです。

日本の保守派の人たちはよく、日本の朝鮮半島統治は好意的にとらえられてしかるべきものだったと言います。日本側からすれば、そのとおりでしょう。

日本政府は朝鮮半島に、道路をつくり、学校をつくり、ハングル文字を広めました。公立学校では、日本語、朝鮮語、算数、日本史、朝鮮史、朝鮮伝統の修身などの教育が行われました。

終戦間際の数年間は朝鮮語教育が停止されたようですが、朝鮮語の日常的な使用が禁止されたわけではありません。それでもやはり、「朝鮮半島の文化をそのまま残そうとしたわけではない」という見方ができるのも事実です。

客観的に見ると、少なくとも日本は現在の韓国の国家基盤建設をはじめ、良いことをたくさんしました。それに対して、韓国はあまりにも恩知らずです。恩を忘れてはいけないのは常識というものです。

「併合したから面倒なことになった。いわゆる植民地としてしまえば良かったかもしれない」と私は思います。

朝鮮半島を韓国として残し、近代化させて、あらためて自主独立させれば良かったのです。そして、そう考えていたはずの伊藤博文を安重根は射殺してしまったわけです。

植民地を略奪の対象とするのはヨーロッパの伝統的な考え方です。しかし、アメリカは20世紀に入って、そういう考え方をやめています。

たとえば、1899年に「米比戦争」が起こって、アメリカが勝ち、フィリピンを植民地としましたが、1916年には自治を認める法律をつくるなど、独立の準備を進めていました。

最終的には1946年の「マニラ条約」で独立することになりますが、先の大戦があり、日本が介入することで、フィリピンの独立は予定より遅れたのです。

朝鮮半島史 26

【建国100年説の恐ろしさ】

慰安婦問題も徴用工問題も、歪んだ韓国現代史観が原因

「韓国建国100年説」は、私が今、韓国という国の振る舞いを分析する上で最も大きな問題だと考え、注目しているものです。

どういう説なのか順を追ってお話ししましょう。

2017年の8月15日、文在寅大統領が演説で、「2年後の2019年は大韓民国建設と臨時政府樹立100年の記念すべき年である」と明言しました。

先にも触れたとおり、8月15日は「光復節」といって、韓国にとってたいへん重要な日です。日本では「終戦の日」ですが、韓国では「日本の植民地支配から解放された日」です。

国際社会は、この日に韓国大統領が行う演説に注目します。時の政権の歴史認識や外

交方針の決定版が表明されるからです。特に2017年の8月15日の演説は親北・反米の文在寅大統領の就任初の演説だったので、日本も注目しました。

文在寅大統領の演説は「穏当なものだった」と日本のマスコミは報じました。日韓関係においては、北朝鮮問題での連携を念頭に置いて過去の問題と現在の現実的な問題である安全保障問題とは分けて考える、いわゆる「ツートラック外交」を志向するという表明が主に取り沙汰され、「反日と言われていた割には……」といった扱いでした。「2019年を韓国建国100年とする」という発言に注目したメディアはほとんどありませんでした。

そして2019年3月1日、文在寅大統領は首都ソウルで「3・1運動100周年記念式」を盛大に執り行いました。

その演説の中で文在寅大統領は「1919年3月1日正午、学生たちによって独立宣言書が配られた。午後2時、民族代表者たちが泰和館で独立宣言式を行い、タプコル公園で5000人あまりの人たちと宣言書を読み上げた。その日、我々は王朝と植民地の民から共和国の国民に生まれ変わった」と述べています。

国際政治の常識、また、歴史学の常識としても、韓国の建国は1948年です。終戦によって日本が統治権を朝鮮に移譲し、アメリカの軍政を経て、アメリカの支援によって総選挙が行われて議会ができ、建設されたのが現在の大韓民国です。

文在寅大統領が「その日、我々は王朝と植民地の民から共和国の国民に生まれ変わった」としている1919年3月1日は、「3・1運動」と呼ばれる独立運動が起こり、一部の独立運動家が上海に「大韓民国臨時政府」を樹立するに至るきっかけとなった日です。

「3・1運動」は韓国ではたいへん重要視され、現行憲法の前文には「悠久な歴史と伝統に輝く我々大韓国民は、3・1運動で成立した大韓民国臨時政府の法統を継承している」と書かれています。

韓国の憲法は現在までに9回改憲されていますが、制定当時の前文には「悠久の歴史と伝統に輝く私たち大韓国民は己未三一運動で大韓民国を建立し」と書かれていました。

しかし、大韓民国臨時政府は日本の統治が終了するまで、国家の3要件を満たしたこともなければ、国家承認されたことも一度もありません。国家の3要件とは、「国土を持っていること」「国民がいること」「実行的支配を国土国民に対して行っていること」の3つです。

韓国国内でも建国年については常に論争されてきたようです。保守派は国際常識にのっとって1948年とし、左派は1919年を主張するのが一般的です。

建国の「精神」を1919年に求めること自体はありえるかもしれません。

しかし、国家の「実態」は1948年からのものであり、韓国もまた国際社会に対してそのように説明し、そのように振る舞ってきました。憲法の前文が「三一運動で大韓民国を建立」というあからさまな表現から「3・1運動で成立した大韓民国臨時政府の法統」へと変わってきたのもその表れでしょう。

ところが、文在寅大統領はそこに踏み込みました。演説ではっきりと、「その日、我々は王朝と植民地の民から共和国の国民に生まれ変わった」と述べたのです。

これが何に影響するのか、それが問題です。実は、1910年の日韓併合条約および日韓請求権・経済協力協定の合法性に影響します。

日韓併合条約は国際法上何の問題もなく、日本による朝鮮半島統治はもちろん合法です。統治時代に日本が行ったことについて韓国人が批判することはできるでしょうが、日本が合法的に統治する立場にあったことは否定などできません。

しかし、文在寅大統領が言うように、1919年をもって建国とし、その年に設立された大韓民国臨時政府がいままで続いているとしたらどうなるでしょうか。

1919年以降の日本の統治行為はすべて本来の大韓民国の土地と国民を不法に統治するものであり、韓国政府の主権を侵す不法行為だと定義することが、理屈の上では可能になります。

つまり、建国100年説をもってすると、慰安婦問題も徴用工問題も、すべて不法な統治のもとで起きたことになります。ということは、当時の日本統治下の法令がどんなものであったのか、それに準じていたかどうかなどは論じる必要がなくなるわけです。

1965年の日韓基本条約は無効であるとすることが可能になりますし、少なくとも、戦後に日本が重ねてきた謝罪などについても「不法行為に対する補償は済んでいない」として、改めて賠償を請求することが可能になります。

これこそが、文在寅大統領の演説の真意であり、現在の韓国の作戦でしょう。

2019年7月に河野太郎当時外相が韓国駐日大使を呼び出し、徴用工訴訟は国際法違反で戦後秩序を覆すものであるとして抗議した際、駐日大使の発言を遮って「韓国側の提案は飲めないと伝えたはず。それを知っていながら再度提案などと言い出すのはきわめて無礼」と声を強めたことが大きな話題になりました。

韓国側はただちに「国際法違反などではない。日本政府こそが過去に対する認識不足だ」と抗議しました。

このように、韓国はすでに建国100年説をもって今後の外交交渉をすすめることを既定路線としているように見えます。日本が「国際条約である日韓基本条約と請求権協定に違反している」と言っても、「不法行為に対してはそもそも取り決めていない」として、日韓基本条約と請求権協定を事実上の骨抜きにするつもりなのでしょう。

もちろん、このようなことは国際的にも認められることではありません。常識知らずにもほどがあります。建国100年説の理屈が通るのであれば、全世界的に、植民地統治の問題が吹き上がります。特にヨーロッパが認めるはずはありません。

韓国が建国100年説の理屈を真正面からぶつけてきたことはありませんが、もしその理論で攻めてきたなら日本は次のようにすればいいでしょう。

「日韓基本条約が無効なら、日本側の在韓日本資産についてのすべての放棄も無効。それをまず補償して、賠償せよ」と言えばいい。数十兆円にのぼるはずです。

１９４５年の独立まで、インドネシアはオランダに約３５０年間支配されていました。オランダはインドネシアの独立にあたって60億ドルの賠償金を請求しています。支配されていたインドネシアが支払ったのです。

「独立するのはいいけれども、３５０年間にオランダが注ぎ込んだインフラ整備費、防衛費などを返せ」とした。

植民地に対してはこのように考えるのが国際常識ですが、日本はそれを放棄したのです。日本特有の、変な優しさだと私は思います。在韓日本資産を放棄したのは「善意」に過ぎません。

そうする必要はなく、日本側のこうした振る舞いもまた、国際常識に外れているということもできるのです。

朝鮮半島史 27

【嘘だらけの慰安婦問題】

でっちあげ記事に始まり、韓国国内でエスカレート

韓国がどう考えているにせよ、日本の皆さんは、韓国がつきまとってやまない問題についての歴史的事実をしっかりと知っておく必要があります。

日本軍が「慰安所」という名の売春施設を使っていたことは事実です。その施設の運営については、主に性病の予防のために日本軍や日本政府が一定程度関与していたことも事実です。

しかし、慰安所で働かせるために朝鮮人女性20万人を強制連行したなどという事実はありません。強制連行については、元慰安婦と称する人たちの証言以外に具体的な証拠はありません。

慰安所で働く女性たちの中には、自ら募集に応じた人もいれば、親に売られた人もいました。慰安婦は当時、陸軍大将の報酬を上回るほどの額を稼ぐことができたからです。

慰安婦の問題を現代的な価値観で見てしまうのも、この問題の本質をつかみにくくしている原因のひとつです。

今の人から見れば、軍人が慰安所を使うのは決して感心できることではないでしょう。しかし、歴史上、世界中の軍隊が古来行ってきたことですし、現在も必要であれば行われます。

韓国では現在、この慰安婦問題について「日本軍性奴隷制問題解決のための正義記憶連帯」という市民団体が活動を行っています。この団体はもと「韓国挺身隊問題対策協議会」略称「挺対協」と言いました。

「挺身隊」という言葉を使って慰安婦問題を扱うのは間違いであり、多分に意図的です。当時、勤労奉仕に従事していた女性たちが女子挺身隊であり、慰安婦とは関係ありません。そこが混同されて、韓国では挺身隊といえば慰安婦のことを意味するまでになり、挺身隊の人数がそのまま慰安婦の人数として考えられるようにまでなっています。

理性的に考えましょう。韓国の言い分にしたがえば、当時の朝鮮半島の人口約2500万人の中から若い女性ばかり数十万人が無理やり連れ去られたことになります。これほどの大規模な人権侵害行為があれば、たくさんの証拠が残っているはずです。

しかし、娘を連れ去られたという家族の証言さえありません。あくまでも自称元慰安婦の証言があるだけなのです。

日本は強制連行の事実こそ認めてはいないものの、韓国側の言い分を受け入れ、1993年の「河野談話」で謝罪し資金の拠出を受け入れました。ただし、いわゆる「狭義の強制性」という表現になっていますが、軍による強制連行については2015年、安倍首相による「戦後70年談話」が否定しています。

戦後70年談話は日本政府がいい方向に向かいつつある兆しでしたが、同年の年末、慰安婦問題の日韓合意が交わされます。日本はふたたび「責任を痛感」し、韓国が設立する元慰安婦支援財団に10億円を拠出することになります。

私はこれを知ったときにたいへん残念に思いましたが、この合意は、アメリカをはじめとする全世界に向けて「問題を最終的かつ不可逆的に解決する」ことを宣言したものだということがわかりました。

お互いの外務大臣がテレビカメラの前で握手しました。合意を破り、否定すれば、韓国は世界から非難を受けることになるでしょう。

しかし、この合意は、保守派の朴槿恵《パククネ》前政権が交わしたものです。朴槿恵前大統領はのちに、「国政介入事件」を理由に左派と国民から総攻撃され、弾劾裁判で罷免されました。

現在の文在寅政権は左派政権で、保守派である前政権の成果など決して認めません。そこで、建国100年説を持ち出して問題をほじくり返し、左派の支持を確固たるものにしようとしているわけです。

慰安婦問題は最初からおかしい――。というのは、この問題が起こった元凶が、すでに触れたとおり、朝日新聞の「吉田証言」記事にあるからです。日本から発信された問題なのです。

朝日新聞は日本人に対してだけではなく、韓国人にも謝罪すべきでしょう。でっちあげのニュースに踊らされて膨大な尽力と資金が使われ、日韓関係の毀損《きそん》にしか役に立つことはありませんでした。

朝鮮半島史 28

【反日の日本人】

日本を貶めている内なる敵、「朝日新聞」と「日弁連」の大罪

慰安婦問題は、朝日新聞が元凶です。しかし、慰安婦問題を大きくしていったのは朝日新聞だけではありません。

韓国側の非ばかりを紹介するのはフェアではないので、ここでは慰安婦問題を利用した日本人たちを紹介しましょう。

朝日新聞に連動するかたちで動き、慰安婦問題を世界に拡散させた人たちがいます。いわゆる「人権弁護士」と呼ばれる中の、一部の弁護士です。そして彼らを「日本弁護士連合会」通称「日弁連」がバックアップしました。

問題の発端となった証言を行った吉田清治はのちに、「人権屋に利用された私が悪かった」と語りました。「人権屋」とは、慰安婦問題に目をつけて日本政府を相手に訴訟

を起こそうと画策していた人権弁護士のことです。

慰安婦問題にまず手をつけたのは高木健一弁護士と、現・社会民主党党首の福島瑞穂弁護士です。

高木弁護士と福島弁護士は韓国で賠償訴訟の原告となる元慰安婦を募集しました。朝日新聞のでっちあげ報道の裏で行われていたことです。高木弁護士と福島弁護士こそ、慰安婦問題の仕掛け人であり黒幕でした。

高木弁護士と福島弁護士は金学順《キムハクソン》という韓国人女性を見つけ出します。そして1991年、日本政府を相手取って「アジア太平洋戦争韓国人犠牲者補償請求」を起こします（2004年に最高裁で原告敗訴）。

控訴人は韓国太平洋戦争犠牲者遺族会とされました。第一次原告は金学順氏ら元慰安婦3名をはじめとする35名です。

金学順氏はNHKにテレビ出演して「親に売られてキーセン（娼婦）になり、義父に連れられて日本軍の慰安所に入った」と証言しました。元NHK職員の経歴を持つ評論家・池田信夫氏によれば、「この話をNHKに売り込んできたのが福島氏で、彼女は金にセリフを教えていた。目的は、軍票（敗戦で無効になった）で支払われた給与の賠償だった」ということです。

金学順氏が当初問題にしていたのは、軍票が無効になったので事実上支払われずに終わった給与を補償してくれ、ということでした。「強制連行」を問題にしたのではありませんし、福島弁護士においても「強制連行はあったと思う」という、憶測と言うよりも願望を述べることしかできていません。

慰安婦はそれが問題として取り上げられるときには「従軍慰安婦」、また「性奴隷」と呼ばれる場合があります。慰安婦を「性奴隷」として国際社会が認識するよう働きかけたのも日本人の人権弁護士でした。

1992年2月、NGO国際教育開発（IED）代表として戸塚悦朗という弁護士が、国連人権委員会（現在の人権理事会）で日本軍慰安婦問題を取り扱うように要請します。国連での初めての慰安婦問題の提起でした。

ちなみに、国連本体とは違い、国連の人権関係の委員会には法的拘束力はありません。それでもいちおう国連であり、日本人の多くは国連を平和機関としてほぼ盲目的に信奉しているところがあります。

日本の世論をダマそうとするなら国連を使うのがいちばんで、国連の正義のイメージを弁護士たちと日弁連は利用するのです。

戸塚弁護士は日弁連海外調査特別委員に任命され、海外の人権運動団体と連携してロビー活動をはじめました。

朝鮮人「強制連行」問題と「従軍慰安婦問題」を国連人権委員会に提起し、「性奴隷」なる表現の普及にあたった結果、１９９３年の6月に開催されたウィーン世界人権会議で初めて「性的奴隷制（Sexual Slavery）」という表現が国際連合用語として採用されることになります。

「河野談話」が発表されたのはこの2カ月ほどあとのことです。国連人権委員会の差別防止少数者保護小委員会でも「戦時奴隷制」に関する決議がなされ、慰安婦問題は正式に国際的な議論の場に引き出されました。

すべては戸塚弁護士が「慰安婦は性奴隷である」と主張し続けてきた結果です。

１９９６年、有名な「クマラスワミ報告」正式名称「女性に対する暴力とその原因及び結果に関する報告書」において日本軍の慰安婦の仕組みは「軍隊性奴隷制（military sexual slavery）」と明記されることになります。

1995年、当時村山富市内閣のもとで「女性のためのアジア平和国民基金」通称「アジア女性基金」が創立されましたが、これを立ち上げたのも、「慰安婦問題の立法解決を求める会」の会長も務めていた戸塚弁護士でした。

元慰安婦だという人たちにアジア女性基金が渡す「償い金」は日本国民からの寄付のかたちをとります。日本政府が「償い金」を出せば、日韓請求権協定の違反となるからです。

ところが、この「償い金」の受け取りについて挺対協が反対運動を起こします。「カネを渡せばいいというものではない。加害事実を明確に認めて、それに基づく謝罪と賠償をしっかりと行え」ということなのですが、要は「アジア女性基金で片が付いてしまえば、慰安婦問題を飯の種にしている日本の人権弁護士と挺対協が日本を責め続けられなくなる」ということです。

河野談話の根拠になったのは、わずか16人の未確認の証言でした。

河野談話が出た後、日本政府は慰安婦問題をかなり調査しました。自称元慰安婦の証言以外に、証拠は出てきません。さらに、その証言は聴取する度にころころと変わりました。

計算すると、先の大戦時には10代前半という元慰安婦もいました。おそらく彼女たちは、朝鮮戦争時代の韓国軍の慰安婦です。

特定の人権弁護士、日弁連、挺対協の活動は、日本と日本人を貶めることができるのであれば証拠などどうでもいい、冤罪でもかまわないという悪質なものです。

世の中には、日本と日本人を貶めることが利益となる日本人が存在するのだということをしっかりと認識しておく必要があるでしょう。

朝鮮半島史 29

【徴用工問題とレーダー照射事件】

稚拙な外交戦略を続ける、文在寅政権

徴用工問題は文在寅政権以降、慰安婦にプラスして新たに担ぎ出してきた日本に対する「ないものねだり」と言っていいでしょう。徴用工問題をあらためて整理しておきます。

1939年、併合時代に国民徴用令が公布されました。「徴用」とは、前年施行の国家総動員法のもと、労働力を政府が自由采配できるようにして軍需産業などに人員を割り当てる制度です。つまり、韓国が使う「強制徴用」は用語自体が間違っています。「徴用」に応じるのは義務であり、そもそも完全に「強制」だからです。

日本人の中にも勘違いしている人がいるようですが、「徴用」は朝鮮人を狙い撃ちしたものではありません。朝鮮人が「徴用」されたのは、いよいよ戦局厳しい1944年の9月に入ってからのことです。それまでは自発労働の範疇です。

ちなみに、朝鮮人はそれまで徴兵もされていません。日本人が徴兵によって兵士として各地へ派遣され、人員不足となった結果、朝鮮人の徴用が決められたのです。

1944年9月以降、朝鮮人徴用工は日本本土の工場や鉱山などに派遣されていきました。韓国はこれを「強制連行」としています。

徴用令状を受けて日本本土に移動することは日本国民の義務です。したがって、これは強制連行にはあたりません。戦時下という有事の状況であり、またそうではあっても、法律として立法された措置です。

百歩譲ったとしても「強制労働」という言葉さえ、あたりません。「徴用」とは、誰がどこで働くかを国が決めるということです。労働力の国家統制です。当然、給料をもらいます。

朝鮮人徴用工が石炭鉱など、厳しい労働環境の職場に派遣されたことは否定できません。しかし、かつてその作業を担当していたのは日本人であり、その日本人は兵士としてさらに厳しい戦地に送られてしまっていたのです。

労働の中で命を落とした人や怪我をした人は確かにいたことでしょう。混乱の中で給料を受け取れずに終戦を迎えた人もいたはずです。しかし、こうした人たちへの補償は、繰り返しになりますが１９６５年の日韓請求権協定ですべて解決済みです。

こうしたことはもちろん、韓国政府側も知っています。文在寅大統領も「政府間では解決済み」と明言していますが、この「政府間では」が曲者です。徴用工個人とその遺族、徴用先の企業との間では訴訟の余地があるということを暗示しているのです。

さらに、２０１２年に韓国の大法院が出した「植民地支配に絡む被害に関する個人請求権は消滅していない」という判断は、韓国政府に「民間同士の問題には手を出せない」というアリバイを与えました。

こうした流れをもって、２０１８年10月30日に新日本製鉄に対する訴訟が結審し、今後、他の日本企業にも賠償金の支払いや韓国内資産の差し押さえなどの可能性が出てきました。文在寅もこの司法判断については支持しています。建国１００年説にのっとって正論としているわけです。

韓国１００年説は無茶苦茶な理屈です。そんな理屈が国際社会で許されるはずはなく、かつての朝鮮人徴用工とその遺族が賠償請求を行うべき相手は韓国政府以外にありません。韓国は日本と国交を回復するかわりに、個人が請求すべき分も一括して受け取り、それを配分せずに韓国経済の基盤整備のために使い、韓国社会に広く還元したのです。

いくらかは時の権力者や財閥の懐に消えたカネもあったかもしれません。

徴用工訴訟という問題は、韓国政府が日韓請求権協定について、故意にしろ能力的問題にしろ国民にアナウンスしてこなかったことにすべての原因があるのです。そして、それをまた文在寅大統領は建国100年説で上書きしようとしているわけです。

*

徴用工訴訟が大法院で結審した2カ月ほどあと、「レーダー照射事件」が起こりました。能登半島沖の日本海で、韓国海軍の駆逐艦「広開土大王」(クァンゲト・デワン、DDH-971)が、海上自衛隊のP-1哨戒機に対して火器管制レーダーを照射したのです。

日本の防衛省の抗議に対して韓国側は「遭難した北朝鮮船捜索のため」に照射したと返答。その後、日本側のデータに基づいた反論に対して韓国はまともに調査も返答もせず、ついには「レーダー照射などしていない。日本はむしろ、救助活動中だった韓国艦艇に危険な低空飛行をした哨戒機について謝罪せねばならない」と言い出します。

事件のひと月後には日本側が「これ以上継続しても真実の究明に資するとは考えられ

ない」として協議を打ち切り、すべてはうやむやになりました。

２０１９年は、６月に大阪サミットが開催された年です。日本政府はサミットまでには徴用工問題の国際条約違反状態についての対処がなされるだろうと思っていましたが、日本企業の出資を含む、これまた請求権協定違反の粗削りの基金案しか出てきませんでした。先に触れた河野太郎当時外相の韓国駐日大使との「無礼」会談で出た、話にならない提案とはこのことです。

２０１９年8月、日本は韓国をいわゆる「ホワイト国（現在はグループA）」からはずします。韓国側の戦略物資輸出管理に疑わしい、つまり、第三国に横流ししているのではないかという疑惑が生じたための安全保障上の運用見直しです。

ホワイト国からはずすということは、個別の物資輸出契約ごとに許可申請を必要とすることにする、ということ。これは韓国側が反省してしっかりと輸出管理を行えばいいだけの話です。

これを韓国側は、徴用工問題、レーダー照射問題からきた、日本による報復、韓国に対する攻撃だとしました。反日ムードは盛り上がり、日本製品不買運動や日本への観光旅行取りやめ運動として表面化します。

そして、その反日ムードの盛り上がりの最たるものが、日本が輸出規制強化をゆるめる気がないことへの対抗措置として同年8月に発表されたGSOMIA延長破棄でした。

GSOMIAとは、「軍事情報に関する包括的保全協定（General Security of Military Information Agreement）」。同盟関係にある2国あるいはそれ以上の国の間で秘密軍事情報を提供し合う際には第三国へ情報を漏洩してはならないとする協定です。

結局、アメリカが説得したということで条件付きの延長となりました。

GSOMIAを反日世論迎合のために使うのはまったく理解のできない話です。だいいち、GSOMIAは軍事衛星を持たない韓国にとっては一方的に有利な協定です。しかも、韓国の安全保障上、現在欠かすことのできないアメリカを巻き込む大問題となるGSOMIA破棄を人質に使おうというのは、あまりにも稚拙な外交です。

建国100年説をはじめ、徴用工訴訟の司法判断といい、レーダー照射事件における態度といい、現在の文在寅政権は、かなり特異な考え方をする人材で占められているようです。

第五章

日本と北朝鮮【現代】

カルト国家・北朝鮮に脅かされる日本

朝鮮半島史 30

【金王朝神話】

「小中華主義」と「徹底反日」で出来上がっている建国神話

朝鮮民主主義人民共和国（北朝鮮）は、「マルクス・レーニン主義」にもとづく共産主義および社会主義の国です。したがって、北朝鮮は「宗教」を認めませんが、指導者たる金日成に始まる金一族は、実質的に北朝鮮の人たちにとっての〝神様〟です。ずばり北朝鮮は、金日成を教祖とする「カルト国家」です。

１９９４年に金日成が死去したとき、北朝鮮の国民はその死を信じなかったと言います。「偉大なる首領様」金日成は不滅不死だと考えられていたからです。

１９９８年の憲法改正で、金日成は「永遠の主席」になりました。２０２０年４月現在、北朝鮮のトップは金正恩《キムジョンウン》ですが、その肩書は第３代最高指導者です。「主席」という地位は、故・金日成のみに許されることになっています。

カルト国家・北朝鮮に脅かされる日本

北朝鮮の現行憲法（2016年憲法）の序文の冒頭にはこう書かれています。

「朝鮮民主主義人民共和国は、偉大なる首領・金日成同志と偉大な金正日同志の思想および指導を具現した主体（チュチェ）の社会主義祖国である。偉大なる首領・金日成同志は朝鮮民主主義人民共和国の創建者であり、社会主義朝鮮の始祖である」

つまり、戦後の北朝鮮という国を知るためにはまず、北朝鮮を創建したという、この金日成がどういう人物だったのか、どういう人物として国民に認識されているのかを知る必要があります。

常識的な歴史では、北朝鮮の建国の経緯は次のとおりです。

1948年、5月の南朝鮮単独の総選挙実施を受け、ソ連の占領下にあった北朝鮮は南朝鮮単独新政府に対抗する新政府の樹立を急ぎました。

8月25日に最高人民会議を設立するための代議員選挙が行われ、9月8日、朝鮮民主主義人民共和国憲法が最高人民会議で公式採択。9月9日、金日成を首班として朝鮮民主主義人民共和国が建国されました。

金日成は、1912年朝鮮半島の平壌で生まれ、その後満洲に移住して終戦まで抗日パルチザン活動を行っていたとされています。中国共産党が指導する東北人民革命軍に参加し、1936年から再編された東北抗日聯軍の隊員になりました。

1937年、金日成を有名にする事件が起こります。東北抗日聯軍の金日成部隊が国境を越えて、日本の統治下にあった朝鮮の普天堡《ポチョンボ》に侵入。駐在所をはじめ、営林署や森林保護区事務所、消防署などを襲撃しました。

この「普天堡の戦い」がどれほどの規模のものだったかは諸説ありますが、その後、日本側は東北抗日聯軍に対する討伐を強め、金日成はソ連へ退却。ソ連極東戦線傘下の特別旅団に編入され、金日成は「第一大隊長」になりました。階級としてはソ連軍の「大尉」です。

1945年8月、大東亜戦争が終戦してソ連軍が北緯38度線以北の朝鮮半島北部を占領します。金日成は帰国し、同年10月14日に平壌で開催された「ソ連解放軍歓迎平壌市民大会」で初めて北朝鮮の人たちの前にその姿を現しました。

翌年、金日成は北朝鮮労働党を創設し、1948年の金日成を首班とする朝鮮民主主義人民共和国の建国に至ります。つまり、金日成は、ソ連の支援を受けて北朝鮮の指導者となった人物です。

そして、たいへん興味深いところですが、抗日パルチザンとして戦前に活動していた金日成と、北朝鮮建国時に首班となった金日成とは違う人物だという説があり、様々な研究によって現在、事実として常識になっています。

建国時の金日成はソ連が担ぎ上げた人物に過ぎず、戦前の金日成と同一人物化して権威づけたに過ぎないというわけです。

最近では2016年10月に産経新聞が、戦前の金日成と断定していいだろう人物・金《キム》顕忠《ヒョンチュン》が旧帝国陸軍卒業者名簿に発見されたと報道しました。

産経新聞は《その後、金顕忠がどうなったかは不明で、一部にはソ連で処刑されたとの説もあるが、研究家の間では、金主席を含め、数人の「キム・イルソン」と名乗る人物が抗日運動を引き継いだとみられている》としています。

しかし、こうした史実は北朝鮮の人たちにはまったく関係ありません。北朝鮮では金日成にはじまる、金一族の徹底的な偶像化教育が行われています。

たとえば、子供向けの『白頭山伝説集』という教育書があります。白頭山は北朝鮮と中国の国境地帯にある標高2744メートルの山です。朝鮮半島の人たちにとっては聖なる山で、金日成はこの山で生誕したとさえ言われています。

『白頭山伝説集』には次のようなことが書かれています。

「白頭山伝説は、絶世の愛国者であり百戦百勝の鋼鉄の霊将である偉大なる金日成同志の不滅の抗日革命の業績を万代に伝える貴い革命の財産」

「金日成将軍様はありとあらゆる術法に長けていて、天文地理に明るく、千里を離れた場所に座っていても日本軍の動きを手に取るかのようにご覧になる」

金日成を有名にした「普天堡の戦い」についてはこうです。

「日本の総督が、日本側の敗戦を伝えた東亜日報を全て集めて庭先で燃やした。空中にまい上がった灰が白い紙切れに変わり、日の光にきらめきながら雪のように降ってきて市民たちに伝わった」

「新聞の灰は大陸を越えてヨーロッパの都市まで飛んでいった。みな、空から降って来る新聞を手にして驚いた。アメリカやアフリカの草原にも新聞は届き、みな、しきりに感心した」

また、各界から様々な証言をさせています。

アメリカのあるキリスト教牧師には、「偉大なる金日成主席様はキリストも比べることができないほどの愛の最高化身であられる」と。

ヨーロッパの有名画家には、「金日成主席様に初めてお目にかかった瞬間、何ともいえない霊感に包まれた。私は人ではなく、神様の肖像画を描いた」と。

朝鮮一の占い師には、「万事大吉につながる、全宇宙で唯一無二の手相だ」と言わせたりしているのです。

北朝鮮は、李氏朝鮮時代に成立した「朝鮮は大中華なき世界で唯一の中華である」という、小中華主義そのものの世界観を国家の基盤としている国です。

朝鮮半島史 31

【主体思想】

頑なまでの上から目線と「金一族」絶対主義の正体

この項では、北朝鮮憲法の序文冒頭に書かれている「主体（チュチェ）」について説明していきたいと思います。金日成が唱え、金正日《キムジョンイル》が明文化した政治思想です。「主体思想」とも呼ばれます。

主体思想は、北朝鮮の指導理念です。人間は自己の運命の主人であり、北朝鮮は、「思想における主体」「政治における自主」「経済における自立」「国防における自衛」を実現せねばならず、そのために人民は絶対的権威を持つ指導者に服従しなければならない、とする思想です。

北朝鮮は、朝鮮半島に史上初めてできた社会主義政権です。自給自足の共産主義体制で経済運営され、建国当初は南部の韓国よりも食糧など経済的に豊かだったとされています。

つまりそれは、同じく共産主義・社会主義陣営であるソ連と中国が、北朝鮮を援助したからです。

1950年代、ソ連と中国の対立が表面化します。ことの始まりは、ソ連の第4代最高指導者・フルシチョフによる党大会でのスターリン批判です。フルシチョフは自由主義陣営との平和共存を口にし、中国との間にイデオロギー論争が始まりました。

中ソからの援助に危機感を抱いた金日成は、「我々式の社会主義」を表明し、その中で初めて「主体」が登場しました。2代目の金正日がこの思想を体系づけ、1972年の憲法改正で序文に明記されました。

すべてにおいて自主独立、そのための指導者独裁を謳う主体思想を掲げているからこそ、現実的にどうかは別にして、北朝鮮は外国に対して一切妥協する姿勢を見せません。妥協する姿勢を見せれば指導者独裁つまり金一族の存在が危うくなるからです。

私の所属する教会が、人道支援として北朝鮮に農業用肥料を運んだことがありました。

肥料が韓国製の袋に入っているのを見て、北朝鮮は受け取りを拒否しました。「つまらない政治的争いには興味がないから持って帰る」と教会が言ったところ、北朝鮮側は、袋を入れ替えるからということで受け取ったそうです。国民に対しては、北朝鮮の軍隊がアメリカから奪い取ったというストーリーにした、と聞いています。

また、主体思想にのっとれば、金一族の絶対独裁にゆらぎが出れば自主独立が危うくなることになります。したがって、北朝鮮は金一族を讃えて守り続けます。

北朝鮮から国内の正確な情報が伝わることはありませんが、どれだけ国民が餓死しようとも、北朝鮮は国家財政をその解決に回すことなく、軍事、それも核開発に回します。国民よりも教祖・金一族。それができる体制をもつ国が北朝鮮です。

そうした金一族独裁の中で起こるのが「一族による権力闘争」というよりも「時の最高指導者の存在を揺るがす勢力に対する徹底的な粛清」です。

金正恩は2017年に兄の金正男《キムジョンナム》を暗殺しました。

そのような粛清から逃れていた人物に、金正恩の叔父にあたる金平一《キムピョンイル》という人物がいます。先代の金正日との後継者争いに敗れるかたちで、大使という名目でフィンランドやポーランド、チェコなどの海外を転々としていた人です。

その金平一が2019年末に平壌に戻ってきたのだそうです。粛清の危険がなくなったからに他なりません。

金正恩には子供が3人いると言われていますが、いるとしても幼く、何かあれば金平一を中継ぎとする計画だろうと予想する人もいました。

北朝鮮ではなぜ暴動が起こらないのか、なぜ革命運動が起こらないのか、という声をよく聞きます。中近東あたりの独裁国家と言われる国々では民衆が立ち上がり、デモがあったり政権を倒したりという出来事が実際にも起こっていますが、北朝鮮ではありえません。

少しでも疑いをかけられれば、たちまち〝さようなら〟です。さらにいえば、凄まじい殺され方をします。

2013年、国防委員会副委員長だった張成沢《チャンソンテク》が「国家転覆を目論んでいた」という罪状で処刑されましたが、処刑に使われたのはヘリコプターを撃ち落とすための高射砲です。

2015年、朝鮮人民軍の最高位にあった玄永哲《ヒョンヨンチョル》が、「軍事イベントで居眠りをして金正恩の指令を遂行しなかった」として、こちらも高射砲で処刑されました。

2013年に殺された張成沢は金正恩の叔父です。叔父でさえ高射砲で粉々にするのが北朝鮮です。北朝鮮という史上最悪のファシズム国家が、現代という時代に存在していることを忘れてはいけないでしょう。


韓国の文在寅は歴代大統領の中でもとりわけ親北の大統領として知られています。北朝鮮の工作員だと噂されるほどです。

2018年の南北首脳会談で、金正恩は、文在寅と手を握り合って軍事境界線を韓国側へ越えるデモンストレーションを行いました。仲睦まじくも見える後ろ向きの2人の写真が有名です。

もし、北朝鮮の主導で南北朝鮮が統一されれば、間違いなく文在寅は粛清されるでしょう。北朝鮮では側近がいちばん最初に粛清されるのです。

朝鮮半島史 32

【核開発問題】裏切りと傍若無人は、北朝鮮流の正義!?

北朝鮮が核保有を公言したのは2016年のことです。平壌で5月に開催された朝鮮労働党大会で金正恩が「共和国は責任ある核保有国である」と宣言しました。

北朝鮮では自国を呼ぶのに「朝鮮」あるいは「共和国」を使います。

この労働党大会では、日本に対して「過去の植民地支配を反省し謝罪すべき」「朝鮮半島の統一を妨害してはならない」と釘を刺すことも忘れてはいません。

核保有の宣言は最近ですが、北朝鮮が核開発を開始したのは朝鮮戦争が休戦されてすぐのことです。

1956年にソ連との間に原子力開発に関する基本合意を行い、数人の科学者をソ連の研究所に派遣しました。

北朝鮮の核という報道などで「寧辺《ニョンビョン》」という地名がよく出てきますが、今では核開発施設の集中建設地となっているこの地に初めて小規模の実験用原子炉が建設開始されたのは1962年のことです。


北朝鮮の国内情報は今も昔もほとんど外に出てくることはありません。北朝鮮の核開発の実情は、アメリカの偵察衛星の1号機が打ち上げられた1982年以降に、衛星写真の分析によって徐々に明らかにされていきます。

偵察衛星が撮影した写真の分析から寧辺に新たに原子炉が開発されていることが判明し、アメリカはソ連に働きかけて北朝鮮の核拡散防止条約への加盟を画策します。

核拡散防止条約は正式名称を「核兵器の不拡散に関する条約（Treaty on the Non-Proliferation of Nuclear Weapons)」通称「NPT」と言います。1963年に国際連合で採択された国際条約です。

北朝鮮は1985年にNPTに加盟することになり、核兵器の製造や取得が禁止され、国際原子力機関（IAEA）の監視下に置かれましたが、北朝鮮の核開発疑惑は消えません。偵察衛星が爆発実験の跡であるクレーターを撮影し、原爆開発を進めていることが明らかになることで、北朝鮮の核開発は国際問題化していきます。

北朝鮮が初めてミサイル実験を行ったのは1993年のことです。準中距離弾道ミサイル「ノドン1号」を日本海に向けて発射しました。石油取引を前提にイランにミサイル技術を売り込むために行われたものとされていますが、この実験で、日本はきわめて現実的な北朝鮮の軍事的脅威を改めて認識することになりました。ミサイル発射から約2週間後に米朝共同声明が発表され、表明していたNPT脱退を撤回して北朝鮮はいちおう核拡散防止条約を遵守する意志を示します。

その後、米朝枠組み合意を結び、北朝鮮はそれまでの核開発の凍結を前提にアメリカから核拡散の可能性の低い軽水炉の提供を受けることになりますが、2003年に再度NPT脱退を表明して現在に至ります。

徐々に、北朝鮮の核開発とミサイル開発はあからさまになっていきます。

1998年には弾道ミサイル・テポドン1号を発射実験。2006年7月には、未明から夕方にかけてスカッド、ノドン、テポドン2号の弾道ミサイル計7発を日本海に向けて発射しました。同年10月には、北朝鮮自ら初めて地下核実験を行ったと発表します。

2009年には、人工衛星打ち上げ用ロケット「銀河2号」の発射実験を世界に向けて表明し、世界が反発する中で実施。これは事実上の弾道ミサイルの発射実験でした。

核実験は、2006年以降、2017年までに都合6回行っています。

北朝鮮は、核放棄をするつもりはないでしょう。

「我々の核放棄を待つのは、海の水が乾くのを待つよりも愚かなこと」と、北朝鮮は国際社会を挑発し続けています。

むしろ、「朝鮮半島の非核化は、韓国に対するアメリカの核の傘の撤回と、在韓米軍の撤退によって実現する」と主張する北朝鮮は、ここでもまた自分たちが世界の中心であるという小中華主義を貫いているのです。

2018年にシンガポールで史上初の米朝首脳会談が行われ、宣言の中には「朝鮮民主主義人民共和国は朝鮮半島の完全な非核化に向けて取り組む」という内容が盛り込まれました。

米朝首脳会談は2019年6月までに、ベトナムのハノイにおいて、南北朝鮮の軍事境界線上の板門店において、都合3回開催されていますが、決して実を結んでいるとは言えません。

アメリカはちょっと勘違いをしたのだと私は考えています。トランプ大統領は北朝鮮問題を中国の力で解決できると思ったのです。

北朝鮮に対しては中国が大きな影響力をもっていると思っていました。ところが、実際にはそうではなく、アメリカはその事実に驚きもしたのです。

主体思想は「中華」たる中国に対しても変わることなく、北朝鮮は中国にとっても「やっかいもの」なのです。

朝鮮半島史 33

【日本側の北朝鮮観】

北朝鮮に対する認識の甘さを露呈した拉致事件

「北朝鮮による日本人拉致事件」は、北朝鮮による日本国の主権侵害です。北朝鮮の工作員が不法に日本国内へ侵入し、日本人を強制的に連れ去って拉致したという前代未聞の大事件です。

一般論として、「外国またはその機関が日本の領域内で公権力の行使と呼ばれるような行為（たとえば連行）を日本の同意を得ずに行うこと」は国家主権の侵害にあたります。

そして拉致事件は、言うまでもなく、被害者ならびに家族の人権を蹂躙する未曾有の国家的犯罪行為です。すでに触れたとおり、拉致事件は１９８０年に産経新聞が報じ、１９８８年には被害者のおひとりの手紙が海外経由で家族のもとに届き、１９９７年に脱北した北朝鮮工作員の証言が出て事態が動き始めたという、確定までにかなりの時間を要した事件でした。

２００２年、平壌で行われた日朝首脳会談で北朝鮮第２代最高指導者の金正日が日本人拉致を認めました。このときに至るまで、実は、拉致は「ないもの」とされていたのです。家出や事故、アベックの場合には駆け落ちなどと思われ、「拉致は差別意識からくるでっちあげ」だとさえ言われていました。

１９８７年に「大韓航空機爆破事件」が起こります。偽造パスポートを使って日本人になりすました北朝鮮の工作員が飛行中に大韓航空機を爆破したテロ事件です。工作員の名は金賢姫《キムヒョンヒ》と言い、蜂谷真由美という名のパスポートを持っていました。

金賢姫の周辺を捜査・調査した結果、翌年１９８８年、参議院予算委員会で当時国家公安委員長・梶山静六が「昭和53年以来のアベック行方不明事犯、恐らくは北朝鮮による拉致の疑いが十分濃厚でございます」と答弁しました。北朝鮮による拉致を、このときはじめて日本政府が認めたわけです。

それでも、日本人拉致ということがどれほどの大きな問題かということはなかなか認識されずにいました。

当時23歳の1983年、よど号ハイジャック事件の犯人らにデンマークのコペンハーゲンに誘い出されて北朝鮮に拉致された有本恵子さんという被害者の方がいます。北朝鮮政府がすでに死亡したと説明している拉致被害者です。

有本恵子さんの両親は1988年、外務省へ出向きました。対応したアジア局北東アジア課事務官から「日朝交渉の邪魔になるから騒がないでほしい」と伝えられたそうです。

1990年9月、自民党衆議院議員・元副総理の金丸信と当時社会党副委員長・田辺誠が北朝鮮・妙香山に招待され、金日成と会談したことがあります。

1990年と言えば、梶山静六の国会答弁がすでにあり、日本政府として北朝鮮による日本人拉致は濃厚としていた時期です。にもかかわらず、金丸信も田辺誠も拉致について触れることはありませんでした。

金丸信と田辺誠は、「日朝関係に関する日本の自由民主党、日本社会党、朝鮮労働党の共同宣言」通称「日朝3党共同宣言」を交わすために代表団を組んで訪朝していました。宣言には「三党は、過去に日本が36年間朝鮮人民に与えた大きな不幸と災難、戦後

45年間朝鮮人民が受けた損失について、朝鮮民主主義人民共和国に対し、公式的に謝罪を行い十分に償うべきであると認める」とあります。

韓国に対する認識と変わらず、これが日本の北朝鮮に対する認識でした。日本政府は、日朝国交正常化交渉のために、拉致事件被害者家族の声を邪魔者扱いしたのです。

日朝国交正常化交渉は北朝鮮が拉致を認める2002年まで不定期で行われました。「日朝国交正常化に関する基本問題」「経済的諸問題」「国際問題」「その他の問題」を議題とし、特に日本の植民地統治にからむ請求権問題と北朝鮮の核関連施設へのＩＡＥＡ査察受入れ問題を難問として抱える交渉でした。

1992年の第7回交渉で日本は、ＩＡＥＡの査察受入れ、南北相互査察や再処理施設保有禁止を含む「南北非核化共同宣言」の早期実施を要求。これに対して北朝鮮は「査察問題は解決ずみ」と主張、相互査察問題については「聞いていない」と反発しました。北朝鮮は「従軍慰安婦問題」の補償を要求し、日本は「実定法上の根拠を提示して請求してくれば議論に応じる」と答えています。

同年の第8回交渉で日本は拉致問題を取り上げました。「日本人女性の消息を調査してほしい」と要請したのです。北朝鮮は「当方は無関係の問題。これ以上の発言は無用」として一方的に退席しています。

1995年、北朝鮮からコメ支援の要請が日本に対して行われます。日本は計50万トンを供与しました。この時期、北朝鮮のミサイル発射実験が問題となっていきます。

1999年12月に村山富市元首相を団長とする政党代表訪朝団が北朝鮮を訪問。2000年4月に第9回の正常化交渉が平壌で、8月下旬に東京と千葉で開かれました。拉致問題と植民地支配に対する過去の清算問題がとりあげられましたが進展なし。2002年7月、ブルネイにおけるASEAN関係の会議の際に川口順子外相が白南淳外相と会談して国交正常化交渉の再開に合意しましたが、同年の9月、小泉純一郎首相の訪朝の際に北朝鮮が拉致を認めるに至りました。

この間、日本政府、特に外務省は日朝国交交渉しか頭になかったと言っていいでしょう。譲歩ばかりが目につきます。

朝鮮半島史34

【北朝鮮シンパの日本人】

「東京裁判史観」に縛られている、政治家、官僚、マスコミ…

すでに触れたとおり、慰安婦問題に関して韓国側に立つ日本人が少なからずいたのと同様、拉致問題についても北朝鮮側に立つ日本人がいました。

何度も言うように、拉致問題は「主権」と「人権」という、国家の根幹に関わる問題です。それを放っておいて、日朝国交正常化に夢中になっていたのが１９９０年代という時代でした。

なぜ、日朝国交正常化が必要なのでしょうか。ある左派系団体のパンフレットを見ると、「植民地支配の清算があってこそアジアとの信頼関係は築ける」「人的交流の拡大が信頼構築につながる」「日朝国交正常化で憲法９条の平和条項が生きる」など、北朝鮮側に立った意見ばかりです。まさに、「日本はアジアに悪いことをした国」という自虐史観に支配されています。

「日本はアジアに悪いことをした国」という自虐史観を「東京裁判史観」と言います。戦後、連合国が日本の戦争犯罪を裁くために1946年から48年にかけて行われた極東軍事裁判（東京裁判）で展開された、日本に対する歴史観です。

そして、この東京裁判史観を最も忠実に保持しているのが、実は日本の外務省に他なりません。

1999年12月、自民党外交部会で外務省の槇田邦彦当時アジア局長は拉致問題について「たった10人のことで日朝正常化交渉がとまっていいのか。拉致にこだわり国交正常化がうまくいかないのは国益に反する」と発言しています。

東京裁判史観にもとづいて反省と謝罪をし、北朝鮮の要求を飲むことが日本の国益だと考えているということです。拉致問題の解決など眼中にはないという態度は、主権と人権という国家の根幹を無視するものです。

2000年に、北朝鮮へのコメ10万トン支援に反対して拉致被害者家族が永田町・自民党本部前で抗議の座り込みをしたことがあります。

自民党でも指折りの「北朝鮮理解者」だった野中広務は島根県で講演した際、この抗議活動について、「日本人の拉致問題を解決しないでコメ支援はけしからんと言うが、日本国内で一生懸命ほえていても横田めぐみさんは帰ってこない」と発言しました。

野中広務の発言は、拉致事件は北朝鮮による一方的な犯罪だということを免除してしまっています。また、朝鮮半島の歴史、北朝鮮という国をまったくわかっていない発言です。そしてなにより、なんと心ない言葉でしょうか。

日本社会党から改称した社民党は、当時、北朝鮮の朝鮮労働党と「友党」の関係にありました。

１９９７年の時点で、拉致問題について、次のような論説が党内にまかりとおっていました。

20年前に少女が行方不明になったのは、紛れもない事実である。しかし、それが北朝鮮の犯行とする少女拉致疑惑事件は新しく創作された事件というほかない。証拠は何一つない事件、本当にいるかはっきりしない元工作員の又聞き証言だけが根拠となっている事件、その証言内容も矛盾だらけの事件、そして新しい意味付与がなされている事件、それが拉致疑惑事件の実態である。拉致疑惑事件は、日本政府に北朝鮮への食糧支援をさせないことを狙いとして、最近になって考え出され発表された事件なのである。

（社民党機関誌『月刊社会民主』1997年7月号、「食糧援助拒否する日本政府」社会科学研究所・北川広和）

社民党は拉致問題を積極的に潰そうとしていました。北朝鮮を擁護し続けたのです。現・立憲民主党の辻元清美は社民党に所属していた時代に、次のような発言をしています。

まずは国交を正常化して、正式な話し合いのチャンネルを作り、その中で解決していくほうが可能性が高い。〈中略〉

こういうことを弱腰だと言う人に言いたいのは「声高に非難して帰ってくるんですか?」ということ。国交正常化の中では、戦後補償が出てくるでしょう。日本は、かつて朝鮮半島を植民地にして言葉まで奪ったことに対して、北朝鮮には補償を何もしていないのだから、あたりまえの話です。そのこととセットせずに「9人、10人返せ!」ばかり言ってもフェアじゃないと思います。

（ウェブメディア『ガールズ・ビー・ポリティカル』２００１年11月12日）

朝鮮半島に対して悪いことをして謝罪も賠償も十分にしていないのだから拉致事件は起こって当然だと言っているのです。これ以上の暴論と亡国があるでしょうか。

また、同じく社民党所属の、ジャーナリストとしても有名だった田英夫には「拉致問題を理由に国交正常化をせず平和の方向に行くことをとどめるべきではない」という発言があります。


作家の井沢元彦氏は『逆説の日本史23』（小学館、２０１７年）の中で「当時の日本には、『北朝鮮はよい国で拉致などやっていない。そんなことを言うのは右翼の陰謀だ』と国民に錯覚させるような、あきらかな故意による宣伝工作があった」と述べ、その典型がＴＢＳの当時の看板ニュース番組だった『筑紫哲也ＮＥＷＳ23』のメインキャスターであった筑紫哲也氏（２００８年死去）の北朝鮮報道だったとしています。

こうした、政治的な親・北朝鮮勢力、そしてテレビや新聞などの親・北朝鮮勢力の情報操作によって、日本人拉致という大罪を北朝鮮が犯したという事実を、日本国民はしっかりと認識できずにいたのです。

2002年に5人の拉致被害者が帰国し、2004年までには被害者家族8人も帰国しました。しかし、横田めぐみさんをはじめ、多くの被害者がいまだに北朝鮮に拉致されたままです。

日本人拉致事件は、現代における最高レベルの人権侵害だということ、そして、北朝鮮による一方的な重大犯罪だということをけっして忘れてはいけません。

第六章

なぜアメリカは朝鮮半島にこだわるのか？

アメリカと朝鮮半島【現代】

朝鮮半島史 35

【朝鮮半島の占領】

「東西冷戦」の開始を告げる、南北朝鮮の境界線

第二次世界大戦が終わった時点で、アメリカは朝鮮半島についてはほとんど何も知りませんでした。「朝鮮」という地域がアジアのどこにあるのかさえ、多くのアメリカ人はわかっていなかったのです。

1945年、終戦の半年ほど前の2月に「ヤルタ会談」が開かれました。アメリカのルーズベルト大統領、イギリスのチャーチル首相、ソ連の最高指導者スターリンの3首脳が、連合国の勝利がほぼ決定した大戦の戦後処理について話し合うための会談です。

その際、3首脳は、一般的には「ヤルタ協定」と呼ばれている極東に関する密約を交わします。ソ連の対日参戦、そして日本の領土である朝鮮半島については、戦後はアメリカ、イギリス、中国、ソ連の4カ国で信託統治することが決まりました。

同年8月8日、日本に対してソ連が宣戦布告したのは密約どおりです。ただし、日本がポツダム宣言受諾を決めた8月14日以降もソ連は侵攻を続け、9月2日に日本が正式に降伏文書に調印するまで侵攻をやめず、満洲・南樺太・千島列島、そして朝鮮半島の北緯38度線以北を占領しました。

つまり、大戦終了時点で朝鮮半島の北部、現在の北朝鮮の地域はソ連に占領されていたのです。そこで、アメリカはただちに「北緯38度線で朝鮮半島を南北に分割し、それぞれ米ソが占領統治する」という案を策定してソ連側に提起、8月16日、ソ連がこれに同意します。

ようするに、「ソ連が朝鮮半島を支配するのはマズイ」ということで、ドイツ同様に線を引いて分けただけの話です。アメリカは当初、朝鮮半島という地域そのものについては、それほどの思い入れも理解もありませんでした。

アメリカと同じくソ連もまた朝鮮半島の実情にそれほど明るくなかったことから、終戦直後の朝鮮半島は混乱しました。

朝鮮半島北部の軍政を開始したソ連は、朝鮮半島の共産主義化を開始します。

この地域にもとから存在した共産主義系独立運動組織をソ連側に編入して、「親日派人士」と呼ばれるかつて日本に協力的だった勢力と、ソ連の占領に否定的な民族主義派勢力を粛清・排除していきました。金日成を担ぎ上げることもすでに決まっていました。朝鮮国内派や中国派と呼ばれた共産主義の既存の分派勢力を、のちに朝鮮労働党となる金日成率いる朝鮮共産党の下へ強制的に組み込んでいきました。

ソ連とアメリカは朝鮮半島の統治について共同委員会を設けますが進捗はおもわしくなく、1946年、朝鮮人の行政機関として北朝鮮臨時人民委員会が設立され、翌年、北朝鮮人民委員会に再編成されて正式な行政機関となります。のちの独立作業を担うのが、この人民委員会です。

一方、朝鮮半島南部を占領したアメリカは、「在朝鮮アメリカ陸軍司令部軍政庁（USAMGIK）」を新設して統治を開始します。

このとき、それまでの日本朝鮮総督府の統治機構とそこに従事していた日本人や親日派の朝鮮人をひき続き使ったことも種々の混乱のもとになったようです。

1945年12月、モスクワでアメリカ・イギリス・ソ連の三国外相会議が行われ、「朝鮮半島を最長5年間、米・英・ソ・中4カ国の信託統治下に置く」ことが確認されましたが、これを韓国の新聞『東亜日報』が「ソ連は信託統治を主張、アメリカは即時独立を主張」と誤報。民族主義派と社会主義派の対立の激化を生むことになります。民族主義派は大韓民国臨時政府系の右派勢力で信託統治に反対です。社会主義派はソ連に同調する左派勢力で信託統治に賛成です。

1946年1月、大韓民国臨時政府の初代大統領だった独立運動家・李承晩が信託統治反対声明書を発表します。

直後に開催された第一次米ソ共同委員会は、こういった信託統治反対派をどう扱うかという点で対立して、無期限延期が5月に決定。その後、対立をまとめようとする左右合作運動も行われましたが、右派左派ともにテロを展開して失敗に終わります。

1946年は米ソ対立が決定的となった年です。

モスクワの駐ソ大使ジョージ・ケナンが本国アメリカに「長文電報」の名で知られるソ連の政策分析のレポートを送り、政府内での回覧をきっかけに時のトルーマン政権は反共・封じ込め政策の開始を決定しました。つまり、「冷戦」の本格的開始です。

アメリカは共産主義勢力を徹底的に取り締まります。共産党を非合法化したため、半島南部の共産主義運動家は北へ入ります。

同年に、大邱《テグ》という都市で北の扇動を受けた民衆が蜂起するという事件も起きました。統治側につく右派が反対派を襲撃する白色テロもひんぱんに起こるようになります。


1947年、5月から開かれた第二次米ソ共同委員会は10月に無期限休会となり、アメリカは米ソ間での問題解決をあきらめ、朝鮮の独立問題は国際連合に移管されることになりました。

国連は、「国連臨時朝鮮委員団（UNTCOK）」を南朝鮮に派遣します。UNTCOKは、民主的な総選挙が可能な地域であるかどうか、国会によって政府が樹立される環境にあるかどうか調査・評価する機関です。

UNTCOKの評価の結果、1948年5月に南朝鮮のみで総選挙が行われることになり、北朝鮮は最高人民会議を設立して南に対抗するかたちで独立を急ぎます。それぞれ、李承晩を初代大統領とする大韓民国と、金日成を首班とする朝鮮民主主義人民共和国とに独立することになります。

韓国が、独立後ただちに公布した「反民族行為処罰法」は知っておくべき法律です。「韓国併合に加担した者は死刑か無期懲役、財産は全部または50パーセント以上を没収」という条が象徴的でしょう。親日派（過去を含めて、日本に少しでも協力的な人たち）を厳重に処罰する法律です。

韓国が建国後にまず行ったのは「親日派を一掃する、親日派清算事業」ということも、多くの日本人は知りません。ただし、この事業は朝鮮戦争の始まる1950年に活動を停止しています。

朝鮮半島史 36

【米兵の犠牲】

米国防総省の発表では3万6千人強、犠牲を払って手に入れたが…

1950年、「朝鮮戦争」が勃発しました。

1953年、国際連合軍司令部総司令官と北朝鮮の朝鮮人民軍最高司令官および中国人民志願軍司令員との間に休戦協定が結ばれましたが、講和条約は結ばれておらず、現在も状況は「休戦」であるに過ぎません。

米軍は、この戦争で国連軍の主力部隊として派遣され、朝鮮戦争休戦後、現在も駐留を続けています。アメリカと韓国との間には朝鮮戦争開始前の1950年1月に締結された「米韓軍事協定」がありましたが、朝鮮戦争休戦後に国連軍としてではなく在韓米軍としての駐留を認める「米韓相互防衛条約」が結ばれました。条約には、韓国軍の兵力増強も謳われています。

軍を動かす権利のことを「作戦指揮権」あるいは「作戦統帥権」と言います。韓国軍の作戦指揮権は朝鮮戦争を機に国連軍に移譲され、1978年に創設された米韓連合司令部に作戦統帥権として継承されました。

1989年の冷戦終結宣言、1991年のソ連崩壊で東西冷戦が事実上終了したことを受けて1994年、平時に限って作戦統帥権は韓国軍に移管されました。

戦時の作戦統帥権についても2012年に韓国側に移管されることになっていましたが、北朝鮮の核開発危機を背景に2015年まで延期、さらに2020年中頃まで延期となっています。が、今後、さらに延期される可能性が高いと見られています。

1991年以降、アメリカとの特別協定で、韓国は在韓米軍の駐留費を負担することになっています。トランプ大統領の登場後、（日本に対しても同じくですが）アメリカは軍の駐留費負担について韓国に強く要望を突きつけ始めました。

2020年1月にはマイク・ポンペオ国務長官とマーク・エスパー国防長官が「経済大国の韓国は朝鮮半島の平和にさらに貢献するべきだ」と表明して、改めて在韓米軍駐留経費の増額を求めています。

韓国軍のレベルの低さはよく言われるところです。韓国軍の士気と練度が低いのは、朝鮮戦争やベトナム戦争から続いていて、信じがたいミスや事故がよく起きます。

2018年のレーダー照射事件はその端的な現れだったとも言われています。

このような韓国と、アメリカはなぜつきあい続けるのでしょうか？

大きなポイントは二つあります。

一つ目は、「朝鮮戦争での大きな犠牲」です。米国防総省の発表によれば3万6000人強、朝鮮戦争でアメリカ軍は死者を出しているということです。それだけの犠牲を払って手に入れた韓国に、アメリカ人は想像以上の思い入れがあります。

朝鮮戦争で犠牲となった方々の遺族や、朝鮮戦争を経験した退役軍人たちは、民主主義国家アメリカの政治家にとっては無視することのできない票田です。アメリカが韓国にこだわり続ける理由は、まずはそこにあります。

それでもアメリカは、ときどき「もはや、韓国からは引き上げたい」と言い出します。私は、これが本音だと思います。すっきりしない「停戦」で朝鮮戦争が終わって、ずるずる67年経っています。韓国は、若干厄介な相手であって、未熟な民主主義国家です。

過去から続いている体制などに拘《こだわ》り過ぎないで、定期的に現況を再確認して、思いっきり「損切り」をする決断ができなければ、有能な指導者とは言えません。

たとえば、新型の飛行機ができたとしましょう。燃費も含めて運航費が従来よりも経済的であれば、古い飛行機がまだ使える状態であっても、航空会社は古い飛行機を廃棄して、新型の飛行機を購入します。それまでにどんなに投資していたとしても過去のことですし、これからの利益を考えれば当然の選択です。アメリカのネバダ州の砂漠には、実際、まだまだ使える飛行機が何十台何百台と並んでいます。

朝鮮半島は南北ともにけっして理想的な形になっていないのに、アメリカがまだつき合い続ける二つ目の理由は「安全保障を左右する地政学的な重要さが、まだ韓国、というより朝鮮半島にはあるから」です。

日本と中国の緩衝地帯として、韓国はどうしても必要な国です。よもや韓国が中国にとられ、日本が中国の真隣りになってしまうことは日本にとってもよいことではありません。そしてこれは、アメリカの国益を左右します。

逆に考えれば、中国にとっては北朝鮮が韓国＝アメリカの緩衝地帯になっています。もし韓国が中国の属国となってしまった場合、南北朝鮮を統一させて中国に統合する選択肢を中国に許します。しかしこれは、大統領が誰であっても、アメリカは見過ごせないでしょう。韓国を譲り渡したら、アジア全体の安全保障体制のバランスが崩れます。しかも、それをしてしまうと日本が危うくなります。

しかし、総論としてやはり、いつでも〝撤退〟の選択肢はある。2020年1月、シーア派議員しか出席していないときに、イラク議会がイラク国内に駐留する米軍の撤退を求める決議を可決しました。それに対してトランプ大統領は「イラク国内にある米軍基地には莫大な費用がかかっており、イラク側がそれを返済しない限り出て行かない」と返答しました。

私は、充分な議論をしてから、各党派が出席している正当な国会の決議であったなら、「イラクからはもう撤退してもいい」とは思います。しかし、そうなると、同じように、「今まで払ってきた犠牲は何だったのだ」ということになります。

中近東全体に関して、私は、アメリカは損切りしてそろそろ兵力を減らしてもいいのではないかと思っています。シェール・オイルの開発で、アメリカはすでに世界一の原油産出国です。中近東の石油は必要ありません。

必要なのは同盟関係を維持することだけです。核兵器の開発を目指しているイランは脅威であって、抑えることが重要課題として残っています。しかし、アフガニスタンにずっといる必要はないと思います。

同盟国と言えば、イスラエルは安全保障のために、アメリカの軍事協力が不可欠でしょう。実際に、イスラエルに住んでいる約670万人のユダヤ人と、カナダとアメリカに住んでいる約700万人のユダヤ人はほぼ同じ数です。

だから、アメリカはイスラエルを見捨てることが政治的にも道義的にも絶対に許されません。地政学的にも大問題です。

では、韓国はどうでしょうか？

韓国から引き上げるどころか、アメリカは、朝鮮半島も含めて、東アジアにもっと本腰を入れるタイミングです。アメリカが中近東で「終わらない戦争」に力を注いでいた間に、中国が暴走し、台頭しました。

アメリカや世界にとって本当の脅威は中東ではなく、中国、あるいは東アジアです。北朝鮮の核開発および核兵器拡散を阻止するために、今アメリカ軍は韓国に駐留し続けています。

朝鮮半島史 37

【米朝首脳会談】

北朝鮮の非核化は本来、日本が主役として解決すべき問題

北朝鮮の外交は、よく「瀬戸際外交」と呼ばれます。脅迫を含め、相手側の緊張を高めることによって譲歩を迫る手法です。「原子爆弾と大陸間弾道ミサイルの開発を進めるぞ」と脅迫する北朝鮮が、米朝首脳会談によってアメリカに譲歩させたいのは経済制裁の解除です。

そもそもアメリカは北朝鮮の建国当時から、北朝鮮に対する貿易を制限してきました。戦争状態にある国との商取引については、大統領が規制および処罰をすることを認める法律「対敵通商法」によって制限します。朝鮮戦争はあくまでも「休戦」の状態ですから、当然、常識的な措置です。

1985年にいったん加盟した核拡散防止条約のガイドラインを守ることなく核開発

およびミサイル発射実験を進め、2003年には核拡散防止条約からの脱退を表明した北朝鮮に対して、以降、国連は次のような経済制裁を採択・実施していきます。

・2006年／核実験実施の発表に対する制裁。大量破壊兵器の開発や違法な取引につながるおそれのある金融取引の禁止や資産の凍結
・2009年／核実験実施に対する制裁。国連加盟国に対して、北朝鮮を出入りする船舶の貨物検査と核やミサイル開発につながる金融取引の阻止を要請
・2013年1月／衛星ロケットの名のもと、事実上の長距離弾道ミサイル実験を行ったことに対する制裁。ミサイルの発射に関わった宇宙空間技術委員会とその幹部などを含む、6つの団体と4人の個人の資産を凍結
・2013年3月／3回目の核実験強行に対する制裁。国連加盟国に対し、過去の制裁決議に違反する行為を行った北朝鮮国籍個人の国外退去、核やミサイルの開発への関連が疑われる現金の持ち運びを含む資金の移動の差し止め、武器や核開発に関わる物品を積んでいると疑われる貨物船の検査および検査を拒否した船に対する入港禁止措置を義務化

・2016年3月／核実験と事実上の長距離弾道ミサイル発射に対する制裁。北朝鮮への航空燃料の輸出を原則として禁止、北朝鮮からの石炭や鉄鉱石などの輸入を制限、不正に関わる北朝鮮外交官の国外追放

・2016年11月／核実験強行に対する制裁。国連加盟国に対し、北朝鮮からの石炭輸入を制限、銀・銅・ニッケルなどの鉱物の輸入を全面的禁止、北朝鮮外交官の減員を要請、北朝鮮のエジプト大使の資産を凍結

・2017年6月／度重なる弾道ミサイル発射に対する制裁。北朝鮮の14の個人（課報活動や原子力に関わる国家機関の幹部、ミサイル関連部品の取引を扱う商業銀行の代表など）と4つの団体（核開発や石炭、金属の輸出に関する複数の企業）を対象に海外渡航の禁止、資産を凍結

アメリカは、国連とはまた別に、特定の団体や企業、個人のアメリカ国内の資産凍結、取引禁止など独自の経済制裁を行っています。

ちなみに、日本が独自にどんな経済制裁を北朝鮮に行ってきたか、主なものを紹介し

ておきましょう。

・２００６年７月／北朝鮮の貨客船とマンギョンボン号の入港禁止、北朝鮮当局職員の入国の不認可
・２００６年10月／すべての北朝鮮籍船の入港禁止、すべての品目の輸入禁止、北朝鮮国籍の人の入国不認可
・２００９年６月と２０１３年４月／北朝鮮へのすべての品目の輸出禁止、大量破壊兵器や弾道ミサイルの計画などに関わる団体や個人の資産凍結
・２０１６年12月／北朝鮮の港に寄港したすべての船舶の日本への入港禁止

経済制裁に加えてトランプ大統領は２０１７年11月、北朝鮮を「テロ支援国家」に再指定しています。同年６月には、北朝鮮に１年以上拘束されたのちに解放されたアメリカ人の大学生が脳に重い障害を負って死亡するという事件も起きていました。

再指定というのは、１９８８年に前年の大韓航空爆破事件を受けたかたちで決めたテロ支援国家指定を、２００８年、時のブッシュ政権が解除した経緯があるからです。

トランプ大統領の再指定は、9年ぶりの措置でした。テロ支援国家に指定されると、アメリカからの武器関連の輸出や販売の禁止、軍事力やテロの支援能力を著しく向上させる可能性がある物やサービスの輸出や提供の制限、アメリカからの経済援助の禁止、さまざまな金融面などでの規制が科せられます。

米朝首脳会談の実現を橋渡ししたのは、韓国の文在寅政権だとされています。2018年の3月、特別使節団団長として北朝鮮を訪問した韓国の鄭義溶《チョンウィヨン》国家安全保障室長が金正恩と会談。南北首脳会談の開催が合意されました。

鄭義溶はいったん帰国したのちにアメリカへ渡航してホワイトハウスを訪問、トランプ大統領に「大統領と会談したい意向がある」との金正恩からのメッセージを伝えました。トランプ大統領は要請に応じることとし、米朝首脳会談の実現を表明します。最終的には同年の6月12日、シンガポールで史上初の米朝首脳会談が実現しますが、その間にはトランプ大統領の会談中止声明などもありました。

また、4月から6月にかけて、安倍晋三首相との2度の日米首脳会談、3度の電話会談、同じく3度の日米外相会談がありました。

初回の米朝首脳会談は、「成功とは言えないが失敗でもなかった」というものでした。アメリカ国民は、「アメリカ大統領がまた北朝鮮に騙されるのではないか」ということをもっとも心配していました。妥協しなかったという点において、野党・民主党の主要議員も評価しました。

北朝鮮の非核化はもちろん、トランプ大統領が会談で取り上げた拉致問題も、本来ならば日本が主役として解決すべき問題です。

そして、ここが重要なポイントなのですが、今まで本書で触れてきた朝鮮半島の歴史的経緯から見ればわかるとおり、北朝鮮の最優先課題は王朝の継続です。王朝が安定的に継続できるのであれば、北朝鮮にとって核兵器は必要ないと言っていいのです。

米朝首脳会談を前にアメリカは日本の首脳と会談を重ねました。日本のシンクタンクはもう少し歴史的検証をふまえた創造的なことを考えて提案しなければいけなかったはずなのですが、残念ながらほとんどアメリカ任せだったようです。

朝鮮半島史 38

【北朝鮮と中国】

「朝鮮半島はいつでもとれる」と考えている習近平

2回目の米朝首脳会談は2019年2月27日から2日間、ベトナムのハノイで行われました。「北朝鮮の非核化」などで最終合意に至らずに決裂しています。

トランプ大統領は「完全かつ検証可能で不可逆的な非核化」を要求しました。しかし、実はこれは、アメリカに日本並みの銃規制をやれと言うに等しい要求です。核保有は北朝鮮建国当初から推進してきた、金正恩にとっては尊敬してやまぬ祖父・金日成の悲願でした。

私は会談の様子を映像で見ていました。『夕刊フジ』の「ケント・ギルバート　ニッポンの新常識」でも書きましたが（2019年3月2日）、会談初日にトランプ大統領と金正恩が笑顔で語り合う様子を見ていて「泣く子と地頭には勝てぬ」という日本のことわざを思い出しました。

もちろん、「泣く子」が北朝鮮です。「地頭」がアメリカです。北朝鮮の瀬戸際外交は、おもちゃを欲しがって「泣く子」と同じです。社会のルールや常識などはまるで無視、恥も外聞もなく、他人に迷惑をかけるのも親に恥をかかせるのも平気です。目先の欲望しか眼に入りません。

一方、アメリカは戦後、先頭に立って国際社会の枠組みとルールを作成して諸外国に守らせてきました。その背景には、世界最強の軍事力と経済力があります。その様子はまるで、鎌倉時代、荘園や公領の事実上の支配権を握っていた「地頭」です。

アメリカと北朝鮮の対立は、まさに「地頭」と「泣く子」の直接対決なのです。

朝鮮半島には「泣く子は餅を1つ余計にもらえる」ということわざがあるそうです。「弱者」や「被害者」を演じて他人の同情を買うことは大きなメリットを生むという意味のこのことわざを地で行くのが核保有でしょう。「いじめられるから持たざるをえない」という理屈です。

また、「ウソもうまくつけば、稲田千坪にも勝る」ということわざもあります。北朝鮮だけでなく韓国もまたすぐにバレるウソを平気でつくのは、文化・伝統的にそのような振る舞いが肯定されているからです。日本は、国際常識の通用しない国に囲まれているということを常に意識して対応しなければいけません。

2019年6月30日、金正恩は、大阪のG20サミットを終えたその足で板門店《パンムンジョム》に飛んだトランプ大統領と会いました。トランプ大統領は、南北軍事境界線を越えて北朝鮮側に入国した初めての現職大統領となりました。

両国は「停滞している米朝実務者協議を早期に再開する」ことに同意しましたが、その後、進展はありません。トランプ大統領は、北朝鮮の問題は中国の力で解決できると思っていました。北朝鮮に対する中国の影響力を過大評価していたのです。

それでも中国は、その気になれば簡単に、いつでも朝鮮半島はとれると思っています。それを争うことがあるとすればロシア相手だろうという認識ですが、その圧力も少しだけだろうと分析し、自分のほうが有利であることは間違いないと思っています。

したがって習近平は今、朝鮮半島に力を入れていません。「北朝鮮はやっかいな国だからしばらくは放っておこう」という程度にしか考えていないはずです。

朝鮮半島史 39

【失墜する韓国】

未熟な民主主義、無視される言論の自由

アメリカは日本に対して、従来、韓国の「反日熱」を過熱させないようにとアドバイスをしてきました。しかし、最近はそうしたことも言わなくなっています。「韓国のほうが悪い。韓国がやっているのは子供の喧嘩だ」ということがわかってきたからです。韓国は「信用」というものを、少なくともアメリカからは失ってしまったと言っていいでしょう。

オバマ政権の時代ですが、2015年3月5日、「リッパート駐韓大使襲撃事件」が起きました。韓国の首都・ソウルにある「世宗文化会館」で、民族和解協力汎国民協議会という団体主催の朝食会が開かれていました。講演のために招かれていたマーク・リッパート駐韓国大使がスピーチの直前に、刃物を持った韓国人の男に襲撃され、顎から首にかけて80針という大怪我を負ったのです。

襲撃犯は「ウリマダン独島守護」という活動団体の代表・金基宗《キムギジョン》です。前科6犯のテロリストでした。そのような人物が自由に出入りできた会場警備についての疑問から、韓国側の外国人要人に対するセキュリティの甘さが大いにクローズアップされた事件でした。

また金基宗は、2010年、日本の駐韓国大使に投石して同席の在大韓民国日本国大使館一等書記官の女性を負傷させたものの判決は懲役2年・執行猶予3年にとどまって収監されなかった、という人物だったこともわかりました。

この「リッパート駐韓大使襲撃事件」と同時期、「韓国地検による産経新聞支局長名誉毀損起訴事件」が進行していました。

2014年8月3日、産経新聞の公式ウェブサイトに、同紙の加藤達也当時ソウル支局長が書いた署名コラム「朴槿恵大統領が旅客船沈没当日、行方不明に……誰と会っていた?」が掲載されました。

「セウォル号沈没事故(同年4月16日に発生)の当日、韓国の朴槿恵当時大統領が第一報を受けた後、7時間に渡って所在不明の状態になっていたが、この時間帯に元補佐官の鄭潤会と密会していた可能性があるという風評が流布している」という朝鮮日報や証券街の報道を元にして書いた、それらの報道記事の紹介を中心としたコラムです。

このコラムに対して韓国大統領府や東京都港区の駐日本国大韓民国大使館が「名誉毀損などにあたる」として、当該記事の削除を要請。産経新聞社は削除に応じず、韓国検察当局は、加藤前支局長が「朴大統領の名誉を毀損した」と見なして在宅起訴します。

ソウル中央地方検察庁は加藤支局長の韓国出国禁止処分を決定。出国禁止処分は延長され、加藤前支局長が帰国したのは処分決定から8カ月後のことでした。２０１５年の12月にソウル中央地方裁判所で一審無罪、韓国検察当局は控訴を断念して加藤前支局長の無罪判決が確定しました。

スピーチは簡単にテロにみまわれて生命の危険にさらされる。為政者の都合で国家権力があからさまにメディアに圧力をかけてくる……。２０１５年前後に起こったこれらの事件はそういった韓国の実態を明らかにしました。

アメリカは、「韓国は言論の自由を認めない国だ」と判断します。「韓国は未熟な民主主義しかもっていない子供の国」という決定をアメリカは下したわけです。

アメリカの憲法には修正第一条に「言論の自由」が書かれています。修正第一条に書かれているということは、民主主義国家アメリカがもっとも重要視するもののひとつが「言論の自由」であるということです。これが韓国にはありません。

2015年9月3日、朴槿恵当時大統領が、中国の「抗日戦勝70周年」を記念する式典軍事パレードに参加しました。これで韓国に対するアメリカの信用はどん底に落ちたと言えるでしょう。

中華人民共和国は1949年にできた国です。大東亜戦争終戦当時にはまだ影もかたちもありません。当然、中華人民共和国が日本と戦争した事実などなく、「抗日戦勝70周年」などは嘘八百です。朴槿恵は、国際常識を無視した習近平の独善に寄り添いました。韓国は頭の悪い属国でしかありません。

こういうとき、とかく日本は韓国に力を貸しがちです。または、安易に謝罪してやったりします。日本はそんなことはもうやめたほうがいい。日本は、日本の国益をまず考えなければいけません。

アメリカは、常に自国の国益が基準です。アメリカの国益に合うかどうかがアメリカの行動の規範です。韓国に駐留し続けるかどうかという問題は、アメリカの国益にかなうかどうかという問題です。

実際、アメリカが今、韓国に対してどのような考え方をして、どのようなプランを持っているのか、それは政府の人間ではない私には正確にはわかりません。ですが前述したように、おそらく北朝鮮で核兵器の開発が続いている以上は、朝鮮半島からアメリカは手を引かないはずです。

韓国という国自体はどうでもいいのです。アメリカの国益として、韓国にアメリカ軍がいるわけです。北朝鮮の核を監視して、拡散を阻止するために韓国にいなければいけないということです。

韓国の防衛は、そのついでにやることです。もちろん、アメリカは韓国を緩衝地帯として考えています。日本についても、アメリカは緩衝地帯として考えています。だから、アメリカ軍は日本に駐留を続けているわけです。

アメリカ軍は別に、日本を守るためにいるわけではありません。同盟国ですから協力はしますが、日本を愛しているから守るわけではありません。

もちろん、個人的には私をはじめ多くのアメリカ人は日本のことが好きですが、ここを勘違いしている日本人は少なくありません。

「もっとシビアに考えてほしい」というのが私の願いです。アメリカや韓国と仲良くしたいと考えるのは悪いことではないでしょう。しかし、仲良くするのはその国を愛しているからではないし、仲良くするために愛する必要もないのです。

仲良くできればなおいいのでしょうが、たとえ仲良くできないとしても、国益を害さない程度のつきあいができればそれでいいのです。

第七章

日本と朝鮮半島④【現在と未来】

近くて、遠い隣人・韓国&北朝鮮

朝鮮半島史 40

【身分に支配される国】

下層階級を必要とする、国民総「両班」の実態

北朝鮮は社会主義を掲げる国です。現状とはあまりにもかけ離れていますが、「より平等で公正な社会」を目指す政治思想です。したがって、北朝鮮には身分制度や差別はないことになっており、当然、国家として「万民平等」を標榜・公言しています。

しかし、北朝鮮を逃れた脱北者の証言や研究者の調査から、北朝鮮では、確固とした「出身成分」と呼ばれる階級制度によって社会が運営されていることがわかっています。国民は「核心階層」「動揺階層」「敵対階層」に分類され、この分類はすなわち、金日成にはじまる金一族、つまり王朝への忠誠度の高さによります。

驚くべきことに、「核心階層」はさらに13、「動揺階層」は27、「敵対階層」は11にそれぞれ分類されています。つまり、北朝鮮には51の階級があり、そのどれに属するか、1966年から2年間かけて行われた住民再登録事業によって明確化され、現在も「出

自」によって整理され続けています。

出自によって分類されるということは、生まれたときにはすでに分類されてしまっているということです。能力や努力を見ずに出自を見るのは、公的には儒教を否定しているにもかかわらず北朝鮮が儒教に縛られている国であることの端的な証拠でしょう。

「核心階層」は、国への忠誠が確かであるとされている階層です。特権階級で、首都・平壌をはじめとする主要都市の住民はすべてこの階層に入るとされています。朝鮮労働党員は言うまでもなくここに入ります。

「動揺階層」は、朝鮮労働党に反抗する可能性を持つ階層です。「敵対階層」は、反抗する可能性の高い階層で、特別監視の対象で高等教育は受けられません。

北朝鮮で出世する条件は朝鮮労働党員であることですが、労働党員は「核心階層」に分類する者でなければなれません。そして、それを決めるものは出自です。

「出身成分」は1958年から60年にかけて行われた「中央党集中事業」として創設されました。「出身成分」は家系を3代さかのぼって調査されて決められる、ということになっています。ということはつまり、創設時に調査された家系は、李氏朝鮮時代にまでさかのぼられたということです。

朝鮮半島における伝統的な身分制度は、まだ李氏朝鮮時代だった1894年に起こった「甲午改革」によって公的には廃止されました。さらには、日本の韓国併合の統治行政により、万民平等の原則にもとづいて階級差別廃止が徹底されました。しかし、現在の北朝鮮には李氏朝鮮時代の身分制度の伝統が根深く残っているのです。

では、李氏朝鮮時代の身分制度とはどのようなものだったのでしょうか？

『庶民たちの朝鮮王朝』（水野俊平、角川学芸出版、2013年）によれば、朝鮮時代の身分階層については、「両班」「中人」「常民（常人、良人）」「賤人（奴婢）」の4つに分類する考え方と、まず「常民」と「賤人」に分けた後で「両班」を「常民」の上に据える考え方の2つがあります。

「両班」はいわゆる官僚（行政を司る支配階層）ですが、この階層の定義は社会的慣習によって変わっていくものだった、ということです。

つまり、現在の北朝鮮の「核心階層」は、「両班」の伝統をそのまま引き継ぐ階層概念だと言うことができるでしょう。この身分制度の伝統はまた、現代の韓国にも受け継がれています。

そもそも「両班」は、文官にあたる「文班」と武官にあたる「武班」を合わせて「両班」です。原則的に管理登用試験・科挙で選抜された官僚ですが、科挙に及第しなくても、科挙合格者もしくは高名な学者が祖先にいることが明らかならば「両班」とされる場合がありました。地方中小の地主でありながら儒学の研究に勤しむ「士林《サリム》」と呼ばれる人々です。これによって地方でもまた支配者「両班」・被支配者「常民・奴婢」という身分秩序が整っていきます。

「儒教を信奉し、科挙によって官吏に登用される素養を持ち、社会の道徳的基盤を維持する知識人であることが両班の条件」（前掲書）でした。両班の身分を保証するのは「家門」つまり家系・家柄です。したがって両班たちは、祖先を崇拝し、祭祀を大事とし、家系図を重要視しました。家門を維持するためには経済力が必要で、そのための大きな農地とそこで働く多くの奴婢を所有していました。

両班は、官吏になる資格があるものとして、軍役をはじめ様々な雑役が免除されていました。今の韓国社会が、自らの身体を動かすことや労働を卑しいもの、技術に優れる「匠」という考え方に価値をおかないのは、まさにこの伝統です。

両班のこうした構造は、李氏朝鮮後期に変わってきます。両班の身分を持つ者が増加したのです。戦乱による軍功が身分の上昇を生みました。また、国家に穀物を献納すれば官職が与えられる「納粟《ナプソク》」制度などによって両班の数そのものが上昇しました。18世紀以降は、不法に両班の身分を取得する者も増加します。庶民の「両班化」が進みました。相対的に「常民・奴婢」の比率が低くなっていきます。

つまり、現代の韓国と北朝鮮は、およそすべての人々が、自分が「両班」であるために差別するべき「下の人々」を必要としている状態だと言うことができるでしょう。そして、李氏朝鮮時代には、「奴婢」が「下の人々」にあたります。「奴」は賤民の男、「婢」は賤民の女を意味します。16世紀には人口の半分程度までが「奴婢」だったと言われています。公的機関が所要する「公奴婢《コンノビ》」と地主などの私人が所有する「私奴婢《サノビ》」に分かれていました。

奴婢は「所有」の財産扱いですから社会的・法律的に非常に低い位置にありました。生殺与奪は所有者に握られていました。ただし、奴婢は盛んに逃亡を行ったようです。家系の偽造など様々な方法で奴婢の身分からの脱出が図られました。18世紀以降に逃亡数が劇的に増え、1801年に6万人の公奴婢の「免賤」が実施されるなど、奴婢は制度として崩壊していきます。

「両班」が支配層、「常民・奴婢」が被支配層で、そのまさに中間に「中人」という階層がありました。もともと「中人」は技術職官吏を指す言葉でした。両班は立案、中人は実務という位置づけです。

中人は、技術と能力によって地位と権益を獲得していきます。李氏朝鮮時代後期になると、中人の定義は広くなり、「両班」にも「常民」にも属さない「中間階層」という相対的な階層を指すようになります。

被支配層の「常民」は、実はその実際についてはよくわかっていません。両班のように役人でもなく、奴婢のように所有物でもなかったので記録が残っていないからです。いわゆる平民、庶民ということで、主に農業・商業・手工業に携わっている人々をそう呼んだようです。17世紀始めから李氏朝鮮時代中盤まで、人口の半分から60パーセント程度が「常民」の階層だったとされています。

この「常民」が、李氏朝鮮時代後期から末期にかけて激減します。戸籍調査によれば、1804年には両班53・47パーセント、常民45・61パーセント、奴婢0・92パーセントで常民よりも両班のほうが多くなり、1867年には両班65・48パーセント、常民33・96パーセントと、支配者層の両班が3分の2を占めるに至りました。

数字だけを見れば、支配される側より支配する側のほうが多いのです。本来、ありえません！　これは、両班という特権階層の崩壊を意味するものではありませんでした。人口変動といった物理的なことが原因でもなく、常民が、近代化を背景とする経済力をもとに両班への身分上昇を図った結果なのです。

つまり、19世紀の「近代」と呼ばれる時代、朝鮮半島の人たちはすべて両班に、あるいは両班を目指す人たちとなったということです。これが現在の韓国と北朝鮮の差別意識、身分制度温存意識の正体です。たとえば韓国の激烈な受験戦争はこの端的な表れです。

自分は両班であるという階層意識が社会を支えていますから、そこでは必ず、見下されるべき対象を必要とします。国内でも問題を生んでいるこの構造は、そのまま国外へも適用されます。韓国人が、西洋人を「洋奴《ヤンノム》」、日本人を「倭奴《ウェノム》」、明朝までは確かにボスであった中国の人たちを小中華主義によって「垢奴《テンノム》」と呼ぶのはそのためです。

朝鮮半島史41

【儒教に支配される国】

ジコチューを肯定するための、最強理論としての「儒教」

先に、「儒教を信奉し、科挙によって官吏に登用される素養を持ち、社会の道徳的基盤を維持する知識人であること」が両班の条件であるというお話をしました。韓国と北朝鮮はこの伝統の中にあります。ポイントは「儒教」です。

北朝鮮は制度の上では儒教を禁じています。すでに触れた北朝鮮の身分制度「出身成分」中、見下されるべき下の階層とされている「動揺階層」には、儒教の信者が含まれています。

しかし、「出身成分」自体、儒教に縛られた制度であることはすでに触れました。

韓国では、儀式など表に出るものはもはや継承されていないとしても、社会の至るところに儒教の伝統が根付いています。「目上の者には絶対服従」という常識はその典型的なものでしょう。

儒教は、古代中国の思想家・孔子の教えをまとめた思想です。孔子は紀元前552年に生まれ、同479年に死去したとされています。孔子の死後、孟子をはじめとする孔子の継承者たちが儒教を広めていきました。

儒教は一度、国家的に禁じられたことがあります。紀元前221年に誕生した中国初の統一王朝・秦の始皇帝が行ったことで有名な「焚書坑儒」は儒教弾圧です。

始皇帝が死に、劉邦が漢を建国すると儒教が復活します。敬礼威儀を重視する儒教は始皇帝以降の為政者にとっては都合の良いものでした。

574年、北周の第3代皇帝・武帝によって儒教は中国の国教となります。中華主義と事大主義を国家運営の礎としていた朝鮮半島は、完全にこの流れの中にあります。

儒教とはどういう教えか。わかりやすい例をひとつあげましょう。

儒教の聖典『論語』に次のような話があります。

葉《しょう》という県の長官が孔子に次のように言いました。「私の村の直躬という正直者は、父親が羊を盗んだのを知って、子供なのに訴え出ました」——。

孔子は、次のように答えます。「私の村での正直とは、この事例とは違います。父は子のためには罪を隠してかばい、子は父のために罪を隠してかばうものです。この罪を隠すことのなかにこそ、正直の精神があるのです」――。

公の正しさよりも家族愛を上に置く価値観が儒教の真骨頂です。これをつきつめていくと、結果として「公」よりも「私」を重んじる方向へ向かいます。つまり、「私」や「一族」の利益のためなら法律を犯してもよいという考え方は儒教によって保証されているのです。

したがって、韓国および北朝鮮は、国際法という「公」のルールを守ることよりも自国だけの利益、むしろ、自分とその一族の利益だけを守ることをよしとします。

「自分の利益のためならばどんな嘘でもつく」
「自分に間違いがあっても絶対に謝らない」
「何があっても悪いのは自分ではなく相手である」

こうした、いわゆる「自分中心主義」と身勝手な思考回路には儒教の裏付けがあり、だからこそ揺るぎません。

儒教は日本にも伝わりました。仏教が伝来したとされる6世紀以前にすでに伝わっていました。徳川幕府は、江戸時代当時の儒教の先進「朱子学」を公認学問としています。同じ儒教を学んだはずなのに、日本と韓国・北朝鮮の文化には大きな隔たりがあります。なぜでしょうか？

日本人は、「仁・義・礼・智・信」といった儒教の精神を上手に取り入れながら、独自の文化を発達させていきました。

私は、「天皇」の存在が大きいと思います。建国以来一度も王朝の交代が起きていない、過去に誰一人として侵したことのない「公」である皇統が日本文化を熟成させたのです。

日本は、儒教を知りながら、仏教も取り入れ、伝統的な神道などに吸収して、江戸時代に「武士道」という倫理・道徳規範を確立します。台湾の元総統・李登輝は「この武士道こそ、今日まで続く日本人の高い道徳規範の源泉であり、支配層の指導理念となっている」と絶賛しています。

武士道は、支配者層である武士が自らの振る舞いを律する道徳規範として成立しました。そして庶民は、そんな武士を尊敬し、憧れさえ抱いていました。

武士道はやがて日本人全体を代表する精神として生活の中に浸透していった。これは、韓国や北朝鮮の儒教のあり方とはまったく違います。

朝鮮半島史 42

【プライドという悪徳】

過剰・過大な自己評価と恥を知らない傲慢さ

韓国と北朝鮮が持っている「プライド」ということについて、先に少し触れました。
《「中国が夷狄化した以上、正統的な中華主義を奉ずるのは、もはやわが国しかない」という認識から、「大中華」なき世界で唯一の「中華」であることを、大きな誇りとするようになったのである》（前掲書・呉善花『「日帝」だけでは歴史は語れない』）というプライドです。小中華主義のことです。

私の所属する教会では、「プライド」は最も大きな罪であるとされています。

次のような言葉があります。Pride goeth before the fall.

「おごれる者ひさしからず」「猿も木から落ちる」「傲慢は失敗のもと」といった意味のことわざとして使われるフレーズですが、出典は『旧約聖書・箴言』16章18節です。

誇りを持つというのはよろしい。いいことをしたことに対して喜びを持つというのは正当な誇りです。プライドとはそうではなく、傲慢という意味で使われます。自分のことばかりを考えて利己的になってしまっている状態です。他を引きずり下ろしてでも自分が上に行きたい。そういったことが「プライド」です。

ですから私たちは、傲慢な人間を見ると「愚か者である」と評価します。「えらそうなことを言っているけど、たいしたことはない人物」と判断します。

私が、韓国という国の振る舞いの中で最も許せないのはこれです。「ウリジナル」と揶揄されていますが、茶道でも相撲でも何でも韓国発祥としてしまうような、自分たちに対する過大評価や、誰かれかまわずすべての人をも見下ろしてしまう態度……。私はこれがいちばん許せません。

「プライド」は、言い方を変えれば、「謙虚さがない」ということです。「プライド」がいちばん大きい罪であれば、いちばん大きい善は「謙遜」かもしれません。少なくとも私は、そう思っています。謙虚さを忘れてはいけません。

私は仕事柄、撮影・収録のスタジオへよく行きます。いろいろな役者さんやタレントさんがいます。スタッフに対していかにもえらそうにふるまっている人はダメです。スタッフが気の毒というよりも、スタッフはけっしてその人のために働いてくれない、ということです。ひとことでも感謝の言葉を伝えておけば、きれいに映るように配慮してくれます。長く映るように、また、セリフやコメントを少しでもたくさん生かすように考えてくれます。

自分がいまここにいるのは多くの方々のおかげなのだ、ということを忘れてはいけないのです。いま韓国がこれだけ経済的にも繁栄した国であるのは、少なからず、日本のおかげです。一切合切それを認めようとせず、逆にそれを罪悪にさえ変えようとするのは、最も根本的な道徳に反しています。ここに私は、非常に抵抗感を感じます。

＊

韓国の「傲慢さ」ばかりを責めるのも、あまり楽しいことではありません。そこで、私が経験した韓国の「謙虚さ」をお話ししておきたいと思います。

私が所属している教会に、北アジア地域を統括する組織があります。マリアナ諸島、グアム、サイパン、日本、韓国、それから、モンゴルを担当する組織です。そのエリア会長は60代後半のチェという韓国の方でした。

エリアの中のそれぞれの地域には、さらに統括組織があります。

たとえば、沖縄には在日米軍対象の教会がいくつかあり、沖縄軍人ステークの管轄になります。グアム・ステーク、ソール・ステーク、ウランバートル・ステーク、福岡ステーク、広島ステークなど、日本国内だけで30ぐらいのステークがあります。

私は東京南ステークという統括組織の役員を務めていますが、この東京南ステークは、本州にある七つの支部を管轄しています。在日外国人が集まる支部が東京に二つあって、それ以外に米軍基地に所属している軍人が集まる支部が、三沢、横田、座間、横須賀、岩国と、すべて英語で集会が開かれます。

私たちは年に2回、全会員が1カ所に集まり、ステーク大会を開催します（遠方の岩国と三沢の会員のためにインタネットでストリーミングもします）。

そうしたとき、エリア会長のチェさんの管理の元、関東地方のみなさんが東京の吉祥寺にある1000人収容の教会に集まり、ステーク大会を行いました。

米軍関係者がほぼ7割を占めていました。それ以外に、外資系企業に勤めている人、米政府関係者、国際結婚をしてこちらにいる人も多くいらっしゃいました。

チェさんは、集まった人たちを前に話しはじめました。なんと、朝鮮戦争の話をはじめたのです。アメリカ軍が、チェさんの両親、家族に対してどれだけいいことをしてくれたかを話し、韓国の民主主義を守ってくださったみなさんに深く感謝したいと、涙を流しながら話しました。みなさん、強く心を打たれたと思います。

私は反省しました。日本にずっと住んでいると、韓国人はそういう感謝の言葉を言えない人種なのだ、と思えるのです。偏見を持っていたのかな、と反省したわけです。

チェさんはかなり長々と話していました。アメリカ兵が自分たちを守ってくれた、そのことに感謝しているという、教会とは関係のない話です。朝鮮戦争ですから、だいぶ前の話です。チェさんは幼かったはずです。両親から、そんな話をたくさん聞いていたのでしょう。

20年ほど前に、菊池という日本人のエリア会長がいました。韓国のステーク大会でスピーチをするために彼が会場に入るとき、ある女性が近くに寄ってきて「私は日本人が大嫌いだ」と小さい声で言ったそうです。

そこで菊池さんは、スピーチの最後に、たまたま覚えていた韓国の有名な民謡を歌いました。歌声がきれいで有名な方でした。後日、その女性に「菊池さんの歌をきいて、日本人が好きになった」と言われたそうです。

朝鮮半島史 43

【憲法改正へ】

国益を守るために、保守されるべき民主主義

私は日本に住むアメリカ人として、安倍首相をトップとする今の日本政府にやってほしい仕事が4つあります。「憲法改正」「スパイ防止法の制定」「拉致問題の解決」「北方領土問題の解決」です。

しかし、就任から7年が経っても、安倍政権は国内政治で進められるはずの憲法改正でモタモタしている状況です。

2020年1月17日付けの『夕刊フジ』に、私は、《憲法改正はまだか!? 安倍首相は意欲も……見えてこない自民党の本気度「大キャンペーン」を打って国民に訴える努力を》というタイトルの文章を寄稿しました。憲法改正の論議はいったいどこに消えてしまったのか、という素朴な疑問をぶつけた論説です。

憲法改正に意欲があるはずの安倍首相の総裁任期は2021年9月です。与党は相当

焦らなければならないはずです。

2020年1月の時点で、産経新聞社とFNN（フジニュースネットワーク）の世論調査では、憲法改正に「賛成」の回答が44・8％で、反対を4ポイント上回っていました。左派勢力の批判を恐れる必要はありません。もっとダイナミックに憲法改正の必要性と緊急性を国民に訴えるべきなのですが、自民党が発表した憲法改正の推進を訴えるポスターを見て、私はがっかりしました。「憲法改正の主役はあなたです」というキャッチコピーを配したポスターはあまりにも地味でした。

国民に憲法改正の必要性や緊急性を認識してもらうには、大規模な予算を投入して、新聞やテレビ、ネット、映画など、あらゆるメディアを駆使しなければ追いつきません。

それよりも、自民党の憲法改正への本気度が見えてきません。与党の政治家自身は、清水寺の舞台から飛び降りたつもりで、覚悟して、この度は政治生命をかけて、国益のためにもっとも重要な仕事である憲法改正に真剣に取り組む必要があります。正直言って、現在の姿勢では、尊敬されないのはやむを得ないでしょう。

現行憲法の第九条は、受け入れさせられた「戦勝国によるペナルティ」および「不平等条約」です。こんな条項を持っていて、北朝鮮の脅威に備え、拉致被害者の奪還ができるのか、そして中国の軍事的覇権主義に対抗すべく本当の意味での同盟国を得られるのか、モタモタしている政府は論理的に国民に説明する必要があります。

韓国が併合時代の謝罪と賠償を傍若無人に主張し続け、北朝鮮が平気な顔で拉致事件は解決済みと言ってはばからない、ひとつの、しかし大きすぎる原因は、第九条の平和条項で交戦権を放棄し、正式な軍隊を持てずにいることにあります。憲法が改正されない限り、朝鮮半島に対して抜本的な対応をすることはできません。

日本は、憲法を改正して、尊敬されるべく独立大国にならない限り、「事大主義」と「主体（チュチェ）思想」を礎とする朝鮮半島に、効果的に立ち向かうことが難しいのです。《医者よ、汝自身を癒せ》という新約聖書の有名な聖句［出典：ルカ伝4章23節］が偲《しの》ばれます。

とはいえ、現状のままでもできること、また、しなければならないことはいくつかあります。

たとえば、韓国に対する具体的な改善要求をずらりと並べておくのも賢明な対策かもしれません。

中止してしまったレーダー照射事件の追及を再度掘り起こして事実をすべて解明するように要求する。嘘と捏造にまみれた西大門刑務所歴史館、安重根義士記念館の展示の間違いを逐一指摘する。外務省のホームページに、「韓国反日教育の正体」「韓国反日事件」などのタイトルをつけてずらりと書き並べておく。韓国が反論し続けなければいけない状況をつくればいいのです。

感情的になってはいけません。対応の軸は、常に「日本の国益は何なのか」ということです。日本の誠意を国際世論にアピールする姿勢をとり、冷静に国益を力説すればいいと思います。

今のところ現実的ではないし、効果的かどうかははなはだ疑問が残りますが、「反日感情を扇動する政策を続ける以上、日本は一切韓国の要求には応じない」ということを、閣議決定してしまえばいいのかもしれません。

もっと過激な方法として、韓国に対して、「反日教育・反日思想をベースとする国の姿勢をやめないかぎり断交する」ということを正式に言ってしまうのも一つの選択肢でしょう。

かつての日本が朝鮮半島にこだわったのは、朝鮮半島をロシアの南下政策をはじめとする欧米列強の脅威の緩衝地帯とするためです。これは国益にかなっています。そのために朝鮮半島を近代化させるべく併合しました。

戦後、朝鮮戦争が起こり、韓国はアメリカの保護下におかれつつも民主主義国家として奇跡的に生き残りました。であるならば、「緩衝地帯とする」という目的は達成しているのです。

ところが今、文在寅大統領が北朝鮮にすり寄り、民主主義国家をやめてもいいというような動きを見せています。これは、日本の国益に反することです。

「民主主義の独立国家として存在しているのであれば他のことはどうでもいい」というのが日本の国益から計算した韓国観です。そこから外れるのであれば、日本の国益からすれば、韓国は敵国です。

２０１５年、外務省のホームページで、韓国についての記述から「価値観を共有する国」という表現が削除され、「最も重要な隣国」という表現のみに変わったことが一部で話題になりました。これは、まさにそういった意味の見える対応でした。

日本は民主主義として成熟している国だと思います。しかし、韓国が民主主義の国のままでいるのかどうかについての関心が薄い現状は、「民主主義を守る」ということに対して日本人の意識が低いからとも言えます。

歴史教育で自虐史観を植え付けられてしまい、日本人の多くは「日本が悪い＝他国は正しい」という、たいへん危険な考え方になっています。韓国の立場を思いやる姿勢をどうしても取りたがります。

性善説は日本国内では通用しますが、それを外交に展開してはいけません。「日本の国益をきちんと守る」ということを、読者の皆さんももっと強く意識する必要があるのではないでしょうか。

著者略歴

ケント・ギルバート　Kent Sidney Gilbert

1952年、アメリカ合衆国アイダホ州に生まれる。カリフォルニア州弁護士、経営学修士（MBA）、法務博士（ジュリスドクター）。1970年、ブリガムヤング大学に入学。翌1971年に宣教師として初来日。その後、国際法律事務所に就職し、企業への法律コンサルタントとして再来日。弁護士業と並行してテレビに出演。2015年、アパ日本再興財団による『第8回「真の近現代史観」懸賞論文』の最優秀藤誠志賞を受賞。著書には、2017年売上No.1新書に輝いた『儒教に支配された中国人と韓国人の悲劇』(講談社+α新書）などがある。近著に『リベラルの毒に侵された日米の憂鬱』（PHP研究所）、『米国人弁護士だから見抜けた日弁連の正体』（育鵬社)、『永田町・霞が関とマスコミに巣食うクズなんてゴミ箱へ捨てろ！』（祥伝社)、『「パクリ国家」中国に米・日で鉄槌を！』（悟空出版)、『本当は世界一の国日本に告ぐ大直言』（SBクリエイティブ)、『性善説に蝕まれた日本 情報に殺されないための戦略』（三交社)、『天皇という「世界の奇跡」を持つ日本』（徳間書店)、『世界は強い日本を望んでいる』（ワニブックス)、『トランプは再選する！ 日本とアメリカの未来』（宝島社)、『私が日本に住み続ける１５の理由』（星雲社)、『プロパガンダの見破り方』（清談社Publico)、曽野綾子氏との共著に、『日本人が世界に尊敬される「与える」生き方』（ビジネス社）などがある。

日本人が知らない　朝鮮半島史

2020年６月18日　第１刷発行

著　者　ケント・ギルバート
発行者　唐津 隆
発行所　株式会社ビジネス社
〒162-0805　東京都新宿区矢来町114番地 神楽坂高橋ビル5階
電話　03(5227)1602　FAX　03(5227)1603
http://www.business-sha.co.jp

印刷・製本　大日本印刷株式会社
〈カバー・本文デザイン〉斉藤よしのぶ
〈カバー写真撮影〉黒佐勇（ワニブックス）
〈本文組版〉茂呂田剛（エムアンドケイ）
〈編集協力〉尾崎克之
〈編集担当〉啓文社
〈営業担当〉山口健志

ISBN978-4-8284-2194-0